一九三九——一九四六

乐山纪念册

陈小滢　讲述

高艳华　记录编选

一九三九——一九四六

东山纪念册

陈小滢 讲述

高艳华 记录编选

商务印书馆
The Commercial Press
创于1897

2012年·北京

图书在版编目(CIP)数据

乐山纪念册:1939—1946/陈小滢,高艳华编著.—
北京:商务印书馆,2012
　ISBN 978－7－100－08863－3

Ⅰ.①乐…　Ⅱ.①陈…②高…　Ⅲ.①名人—生平
事迹—中国—现代　Ⅳ.①K820.6

中国版本图书馆 CIP 数据核字(2011)第 282515 号

乐山纪念册:1939—1946

陈小滢　高艳华　编著

商 务 印 书 馆 出 版
(北京王府井大街36号　邮政编码 100710)
商 务 印 书 馆 发 行
北京瑞古冠中印刷厂印刷
ISBN 978－7－100－08863－3

2012 年 11 月第 1 版　　　　开本 787×1092　1/16
2012 年 11 月北京第 1 次印刷　印张 23½　插页 4
定价:49.00 元

纪念册

乙酉元旦

小滢

皆大歡喜

光潛

朱光潜先生为小滢纪念册题字

小滢母亲凌叔华画笔下他们在乐山脚下的家

左图：小滢父母陈西滢、凌叔华

下图：1949年秋，小滢与父母合影

二十世纪八十年代初，小滢在北京与父辈老友见面，后排左一为数学大师陈省身

童年陈小滢   小滢少年时代（前排中为小滢）

目
录

我、纪念册、乐山　　陈小滢　1

第一编 乐山，小滢和小滢的家

陈小滢和我以及当年的小伙伴们　吴令华　9

《让庐日记》中记录的小滢　杨静远　17

小滢同学抗战时期的两封家书　郭玉瑛　21

怀念吾师陈源（西滢）先生　袁望雷　31

第二编 乐山少年的旅途——名家赠言精选

吴稚晖（敬恒）留言

[亲历]　　有关吴老先生的回忆　41

[旁观]　　我所了解的吴先生（节选）　罗家伦　44

[附]　　　吴稚晖与国民参政会　罗久芳　48

商衍鎏留言

[亲历]　　最后一位科举探花　51

[旁观]　　我的父亲商衍鎏　商承祚　52

冯玉祥、李德全夫妇留言

[亲历]　　关于冯伯伯与李姨的回忆　63

[旁观]　　怀念我的父亲母亲　冯理达　67

杨端六、袁昌英夫妇留言

[亲历]　　我的干爸干妈　77

[旁观]　　我的父亲杨端六　杨静远　78

　　　　　我的母亲袁昌英　杨静远　85

赵元任、赵杨步伟夫妇留言

[亲历]　　有关赵伯伯与赵伯母的回忆　93

[旁观]　　我的父亲赵元任　赵新那　96

　　　　　父母亲的婚姻　赵新那　116

[附]　　关于冠夫姓　梁文蔷　120

丁西林留言

[亲历]　　有关丁西林伯伯的回忆　123

冯友兰留言

[旁观]　　六十年前的题字　冯钟璞　127

苏雪林留言

[亲历]　　我熟悉的苏雪林教授　131

[旁观]　　儿时眼中的苏雪林　吴令华　133

我记忆中的苏先生 杨静远 135

送雪林告别杏坛 谢冰莹 139

朱光潜留言

[亲历] 回忆朱光潜先生 145

[旁观] 我所知道的萧先生 皮公亮 146

朱光潜先生的英诗课 杨静远 147

丰子恺留言

[旁观] 父亲的乐山行 丰一吟 155

丰子恺先生的一幅画 吴令华 158

方令孺留言

[旁观] "清溪涓流" 章洁思 163

陈克恢、凌淑浩夫妇留言

[亲历] 我的姨和姨夫 169

[旁观] 关于凌家两姐妹的名字 萨沙(张林杰译) 170

追忆似水年华 萨沙(李宁宁译) 170

景宋(许广平)、陆小曼、赵清阁留言

[亲历] 前辈的希望 179

[旁观] 女作家们的祝愿 吴令华 179

端木梦锡留画

[旁观] 端木梦锡与他的画永存 皮公亮 185

方心安留言

[亲历] 说说方家 191

[旁观]　我所了解的方伯伯　吴令华　　193

沉樱留言

[旁观]　关于我的母亲　梁思薇　　201

　　　　美丽的樱花　章洁思　　206

叶浅予、戴爱莲留言

[亲历]　走出乐山的孩子　　211

[旁观]　我和戴妈妈的母女之情　叶明明　　216

　　　　抗战时期看戴爱莲演出　梁文蔷　　221

　　　　我的一点看法　舒济　　222

靳以留言

[亲历]　我的一点记忆　　225

[旁观]　一个甲子前的心语　章洁思　　225

萧乾留言

[亲历]　永远的小（萧）伯伯　　235

缪朗山留言

[亲历]　复杂心绪与童诉　　239

[旁观]　回忆爸爸缪朗山　缪铁夷　　240

　　　　我所知道的相关往事　皮公亮　245

王世襄留言

[亲历]　有关王世襄先生的记忆　　249

　　　　我在乐山的一段回忆　王世襄　　250

[旁观]　话说王世襄　张中行　　255

玩物不丧志　启功　255

王世襄其人　黄苗子　256

张充和留言

[亲历]　有关张先生的印象　259

[旁观]　缘分　梁文蔷　259

第三编 乐山少年的成长——同辈留言精选

李林（熙芝）留言

[亲历]　有关李伯伯和小林姐的回忆　265

[旁观]　我所了解的李林　马胜云　267

查全性留言

[亲历]　查家记忆　275

[旁观]　查全性院士——倡导恢复高考的功臣　龚向前　277

皮公亮留言

[亲历]　皮大哥是我的好朋友　283

[旁观]　我和陈小滢是世交　皮公亮　284

余桢留言

[旁观]　难忘当年　余桢　289

刘保熙留言

[旁观]　从珞珈山到乐山　刘保熙　295

日本轰炸乐山的记忆　刘保熙　299

缅甸青年留言

[亲历]　正义的力量　305

第四编　乐山回首，武大记忆

珞珈三女杰　皮公亮　309

乐山惨炸身历记　苏雪林　323

乐山时期的武大外文系　王陆　329

武大乐山时见闻　章心绰　333

情系乐山　吴令华　341

附录

小滢纪念册中的部分留言者　杨静远　347

小滢纪念册首页记录　350

散落的珍珠

编后记　高艳华　363

我、纪念册、乐山

陈小滢

上世纪三十年代，我出生在美丽的珞珈山所在地——武汉大学，长在艰苦的抗战岁月。

我的父亲陈源（字通伯，笔名陈西滢），当时是武大文学院院长。母亲凌叔华是一位作家，时为公认的才女。她与苏雪林、袁昌英当年在武大被称为"珞珈三女杰"。母亲写作、翻译、办刊物，忙得不亦乐乎，过着充实的生活，几乎很少过问我的情况，以致我这个独生女的童年，没有享受公主一样的生活，似乎就是一个"野孩子"。没有印象母亲为我洗洗小脏手，而至今腰部一块大大的伤疤竟然是我还在襁褓中时落下的。那是粗心的母亲或者保姆，把一根别针别在了我身边的被子上，针尖随着我的抽泣不停地扎我的肉。据母亲后来跟我说，疼得我哭了四个小时、哭哑了嗓子以后，她才发现，到医院就医时腰部已经是血淋淋一片。她当时在忙于什么？是画画儿？写作？这只有母亲自己知道了。我童年的快乐，就是和小伙伴在草丛中打滚，疯跑，你追我赶。我像男孩子一样皮实，所以我的小伙伴时常称呼我"铁姐、铁哥、铁弟"的。这一点，大家从这本书中的留言中可以了解到。

可是母亲给了我不寻常的母爱，这就是她为我在1940年建立起来的第一本纪念册，值得我一生收藏。后来在此基础上我继续做，以后竟发展到三册。

抗日战争开始不久，日寇逼近武汉，父亲便随武大先期迁往四川乐山，母亲带着我随后乘船赴川与父亲汇合。可是到了乐山不久，因我外祖母在北平去世，母亲又带我从抗战大后方的四川去了已被日军占领的北平。我们在北平史家胡同母亲的旧宅住了没多久，就搬去了海淀燕京大学南门外的羊圈胡同。在那儿我上了燕大附小，结交了不少小朋友。两年后的1941年秋天，母亲决定带我回四川。那时正是"珍珠港事件"前夕，我们离开北京，到上海，经香港转到广州湾，乘的是香港沦陷前的最后一班船。到了广州湾之后，听说香港已经沦陷，所以又赶快逃难，乘了小火轮，挤上破旧的汽车，再转乘小火车，经广西柳州、桂林、金城江，再到贵阳、重庆，最后回到乐山时，已经是1942年的春天了，这中间竟用了大半年的时间！我的第一本纪念册就一直陪着我跑了那么多地方！

在这不久，父亲和一批教授被政府派去美国，向美国人民宣讲中国的抗日战争，以争取国际援助。因为父亲走得仓促，没能在我这本纪念册上题字。随后，母亲和我搬到武大教职员宿舍，是在一座小山上，母亲在宿舍前一棵大树边上盖了一小栋楼，这是她的一个小画室。我在这里上的中学。当时许多孩子都做了自己的纪念册，我也做了一本，这样我就拥有了第二本纪念册。母亲还很有兴致地在我的小纪念册上画了一幅乐山风景。那时大概是我母亲相当快乐的日子，我请了我的干妈袁昌英、干爹杨端六、干姐杨静远、干弟杨宏远以及苏雪林教授都在我的纪念册上题了字。我当然也请了许多小朋友和他们的家长题了字。

第三本纪念册是朱光潜伯伯送给我的，大概他看到我那两本纪念册已经显旧，所以送了我一本很漂亮的，还有硬壳，这让我爱不释手。他在首页上写了"皆大欢喜"四个字，并签上了自己的名字。

抗战胜利之后，母亲让我先搭一辆大卡车去重庆找我二叔，我就带了三本珍贵的纪念册和一些书信等上路。当时我把这些认为是最贵重的东西都放在大衣里层的夹缝中，加上自己大概有一百多斤重，但我一样也没丢下，特别是这三本纪念册，因我倍加珍爱，竟毫发无损。1946年，母亲到了重庆，找到军用飞机带我飞到上海又转北京，在北京停留了几个月，又去上海等船去英国和父亲团聚。在上海等船的时候，母亲去看她一些文学朋友，又替我请他们在纪念册上题了字。其中有徐志摩的遗孀陆小曼、靳以先生，以及鲁迅的夫人许广平先生、著名作家赵清阁等。

1946年9月我们上船先去美国，再转英国，与1944年到英国主持"中英文化协会"工作的父亲团聚。碰巧的是冯玉祥、李德全、叶浅予夫妇、司徒慧敏等都在船上，于是我就请这些人在纪念册上题了字。到了美国之后，要乘火车从旧金山一直去纽约，中间还在美国中部的十四姨和姨夫(即本书中陈克恢、凌淑浩夫妇)家住了几天，他们也在我的纪念册上题了字。

1946年11月，我们到了英国。开始一切不习惯，也不会说英语，父母第二天就送我进了英国的住宿学校，然后因工作需要他们去了法国。三本纪念册一直带在我身边，但是那里没有人懂中文，所以一直就没有拿出来。

以后，这三本纪念册随我跑了中国许多地方，包括台湾、香港地区，以后又随我去过英国、美国、西班牙、法国。虽说是"浪迹天涯"，但是纪念册始终没有离开过我的身边，这几本纪念册可以说是我人生的动力和心情的驿站，是我在与祖国长久隔离时的心灵依托。那里有祖国的温暖，有童年的故事，有前辈的希望，还有对建设新中国的憧憬。随着岁月的流逝以及阅历的增加，我现在更加珍惜这些纪念册，很多美好的语言常常在温暖着我的心。因为这里收藏的不仅仅是友谊，更是历史的见证。

从1946年一别祖国，竟是近三十年的光景。但是，无论岁月怎样冲刷，我的赤子之心始终没有改变。多年以后"文革"期间的1972年，我利用做中英文化交流的机会，回到阔别了多年的祖国，当我经深圳罗湖走过边界的时候，看到祖国的五星红旗，我竟然再也控制不住自己的感情，大哭了一场！那是一个游子多年来第一次回"家"呀，岂不让人百感交集！

而后我多次回到祖国，我找到了小时候的朋友、同学，把纪念册拿给他们看，他们也是惊喜万分。大家都没有想到过了六十多年，这小本子还在。他们影印了纪念册，寄给更多的人看，使我联系到的人越来越多。这次聚会后不久的2006年,百花文艺出版社编辑高艳华女士来到我家，她看到了这几本纪念册，也觉珍贵无比。虽然她于我应该算是晚辈，但我们的交流没有代沟。她甚感兴趣地翻阅我的留言本，向我询问着有关纪念册的历史问题。因为当天晚上她要返回天津，有许多问题未能谈透，但我们一直保持着联系，再以后她向我提出建议，希望将纪念册出版，我自然答应。

但是，将它变成一本书谈何容易，因为许多墨迹由于年代的久远，已经如同记忆一样变得很模糊了，再由于我当时的年少，对许多题字的前辈无法清晰地叙说他们当时的情况。但是在以后的一年多的时间里，高艳华动员了我在国内的同学好友和她在编辑工作中结识的名家后代，共同参与本书的编著，才使得此书首版得以顺利出版。我由衷地感谢艳华，感谢书中同我一起忆旧的朋友和当年为我题字题画的名家及其后代。

"这本书收藏的不仅是友谊，更是历史，是在中华民族最危险的时候人民心中精神火花的浓缩。"高艳华的这些话极富哲理，在纪念册题字的这些知识分子，从心底里发出的友谊与勉励的呼唤，已经不只属于我陈小滢个人，更是留给祖国的、人民的、历史的纪念，应该是我们民族的共同财富。所以我把它从私人精神世界中拿出来奉献给读者，让读者与我共同拥有，共同分享，也算是了却我的一个心愿吧！

2008年年初，艳华以《散落的珍珠》为题将本书编选而成。我和我的小伙伴大为惊喜。遗憾的是印刷质量欠佳。即便如此，书也很快售罄。我很盼望有机会修订，没想到能得到商务印书馆的支持。这个推动者刘雁，她就是艳华的好友，我还记得5年前她作为艳华的知己和支持者，在百忙之中与艳华一同来我在北京的居所，耐心听我的回忆，帮助我做一些事情。在本书出版之际，我衷心感谢他们的鼎力合作和一贯的努力，感谢商务印书馆责编刘嘉程先生的辛勤工作。

这是一本由乐山诞生的纪念册产生的一本书，所以本书文字和墨迹中有不少相关的说法。乐山，又名嘉定。武汉大学就坐落在珞珈山，所以还有一种提法是珞嘉，大概是武大校友的杂志上，因为他们在乐山（也称嘉定）读过书，又在珞珈山读过书，因此也有珞嘉之说。

　　我的先生秦乃瑞，一个英国的共产党员，汉学家，爱丁堡大学中文系教授。我和他的几十年婚姻中，他对我对于祖国的眷念与情感非常理解，多年来陪伴我不断回到祖国。有一次我的小小的纪念册因为我时常翻阅又粗心大意而暂时丢失，我要来北京时，突然找不到，急得要死！后来还是老秦耐心为我找到的。在《散落的珍珠》出版后，老秦逐字阅读，非常欣赏。其中的很多人物他都熟悉，如萧乾、王世襄和赵元任夫妇等。他也总想陪同我踏上珞珈山和乐山，陪我重温珞嘉岁月，但是他于去年10月享年86岁高龄去世。今天我要告诉他，最近我在儿子秦思源、儿媳梁伟陪同下去了武大，思源也接过了中英友谊的接力棒，继续我们的事业。这本由商务印书馆修订出版的《乐山纪念册》，我想也是对他最好的怀念吧。

陈小滢 2012年年初于北京

第一编

乐山，小滢和小滢的家

陈小滢和我以及当年的小伙伴们

吴令华

在现在还能联系上的朋友中，我和小滢也许算得上同班同学中时间最长的伙伴之一。从珞珈山的武大附小，乐山的乐嘉小学、乐嘉中学，武大附中初中、高中，直到1946年，她去英国与父亲陈源团圆，我则因父亲吴其昌早逝而回到上海，这十多年，我们分开又聚合，恰巧都是同班。1979年，她的丈夫、汉学家秦乃瑞来北大任教。一次在杨宪益先生家中，她与我叔叔吴世昌通电话打听我，暌别三十多年后，我们才又联系上。我连忙将此信息告诉老同学刘保熙，保熙又传给了小滢的干姐姐杨静远，我们一同去友谊宾馆看望她们，还在保熙家包饺子。可是不知怎么搞的，我们又断了联系。1990年，我从报上见到她母亲凌叔华去世的消息，正值我母亲也病情危急，没顾上和她联系，如此又经过十几年，直到最近三四年才得年年相聚。

说到两家的上一辈，小滢的父母陈源、凌叔华和我父吴其昌、

1941年吴令华与父亲吴其昌、
母亲和堂妹令徽在家中合影

叔吴世昌相识交往于故都北京，那是上世纪二十年代的事情，其媒介大概是我父亲的老师梁启超先生及其子媳梁思成、林徽因，以及父亲的表兄徐志摩等。当"九一八"事变后，我父时为清华大学专任讲师，为逼蒋抗日绝食被解聘，继因陈源之荐任武大历史系教授。两人遂成为同事。凌叔华曾应我父转达徐志摩父亲的请求，为徐志摩题了一块诗碑"冷月照诗魂"，还曾为我叔叔吴世昌的第一本文集《散文甲稿》设计了封面，寄到北平。我父则应凌叔华之请，为她主编的《武汉日报·现代文艺》写了他唯一的一篇词学论文《读词》。

前两年，小滢从伦敦给我打电话，说发现我当年给她纪念册的题词。我早已忘记写过些什么了。后来她回国把纪念册带来给我看。面对那幼稚的字迹和言词，不禁脸红，比起同龄伙伴写的至理名言、豪言壮语和妙笔巧绘，我真是太孩子气了，不过那倒的确是我的真实思想。别人提起珞珈山，都会说到山上的十八栋，我至今想起珞珈山，眼前就浮现我家门前那一片如茵的大草坪，可坐可卧可打滚儿。回忆和小滢的交往，净是些吵吵好好的小女儿情事。中学时她和郭玉瑛、杨衍枝好得不得了，我的朋友是刘蒲青、江龄高、吴梦兰。两拨人时而一起玩，时而翻脸，谁也不让谁。

小滢爱出花点子。小学四年级时，我画了一只鹰，受到老师称赞，叫我把背景再修改一下留做成绩。小滢非要我把背景涂成黑色，以致面目全非，我很懊丧。小滢安慰我说："你画的是我，我是'勇鹰'，在夜里翱翔。"我生气地说："我画的是我自己，我是'山鹰'，在山顶上飞！"两人莫名其妙地吵了起来，我哭了，那幅画也没再交给老师。她做每一件事，总要鼓动大家跟她一起干，一次她要我们女生每人以一种水果起个新名字，于是有叫"樱桃"的，有叫"葡萄"的，她自己宣称她喜欢两种水果：梅子和苹果。所以叫"梅苹"。过几天，她又来了新主意：让大家用天象气候起名，什么云霞雨露之类。

那时候小滢有点男孩子气，什么危险玩什么。有一次她玩着玩着把头发搅在绳索里出不来，急得哇哇大叫，最后是别人帮她剪了头发才得解救。我至今搞不懂，她怎么会使玉瑛、衍枝两位文静

1944年武汉大学附中师生合影。前排左二本文作者吴令华、左三教师李华甫、右一本书讲述者陈小滢。第二排右一杨衍枝、右二许宝珍、右三刘保熙、左三王盛莹、左四刘蒲青秀气的姑娘着迷，跟着她搞起了桃园三结义，刘备、关公俯首小张飞。她还不过瘾，又和男生李永直、方克强拜把兄弟，整天铁哥铁弟的疯个不停，引得克强老实巴交的弟弟克定也跟在后面，成了她的铁杆朋友。小滢很黏人，初二时她从北平回乐山，班上的同学里只有和我比较熟，她一下课就叫住我和她玩，缠得我一点自由时间都没有，以致我的好朋友叶德闲哭着找我，问是不是不和她好了。小滢曾对我说：她家中没伴，父母亲忙，不大管她，她总想有人和她玩，还得听她的。我问她和玉瑛、衍枝的关系，她说，她们听我的，你不听我的啊。想想也是，所以我们好了吵，吵了好。

　　小滢有文艺天赋，特能出老师的洋相。我们曾有一个英语老师发音带浓厚的四川音，念beautiful如同"冰铁壶（读如'扶'）"，走路摇摇摆摆。一次上课，老师迟到，小滢便在教室前学他一摇一晃地走路，嘴里念着"冰铁扶""冰铁扶"。从此，"冰铁壶"就成了这个老师的绰号。后来她又把班上的事编了个剧本，在同学中传看。剧本中写了"冰铁壶"，还写了一个胖子，说他一走路"肚子慢慢向前移动"，这个形容使我十分佩服，自叹弗如。还有一位国文老师，一肚子学问就是讲不出来，一次讲一篇文

莹（滢）：

记得我们见面的时候是在珞珈山，我们保持着纯洁的友谊，做着幼稚的幻想，现在我们在乐山，又继续了它。虽然我们生过气，拌过嘴，但是我们仍是一样的好。我们在不久的将来，又要回到从前打滚的草地上了，你高兴吗？

令华涂于附中

5.29.1944

小滢把兄弟李永直留言

武大附中李华甫
老师留言

章，他只顾摇头晃脑闭上眼睛反复吟读，自我沉醉。小滢不耐烦了，唆使周围同学往眼皮上抹万金油。老师睁开眼见学生都流下眼泪，还以为学生被他的吟诵感动了呢！

这就是当年我眼中的小滢：聪明、勇敢、活泼、调皮，大家都宠她，当然，她也很任性。

半个多世纪过去，历经风霜雨雪，血火洗炼，当年的小伙伴，都已近耄耋之年，这里只介绍几位给小滢纪念册留言的朋友。刘保熙，用几个名字（保熙、葆熙、挹萍）为小滢留了多次言，有庄有谐，小时是个大胖姑娘，如今苗条清秀，在外交部的岗位上退休。杨衍枝，"桃园三结义"中的关羽，书画都好，心和手一样灵巧，为人诚恳善良，是一位退休的儿科医生。方克强，空军离休干部，现居广州，写一手好书法，最近刚给我写了一幅陆放翁的渔父词《鹊桥仙》。他的弟弟方克定，从小就是个极其认真、一丝不苟的人，现在是国土资源管理方面的专家，从国家行政学院退下来又被聘任为国土资源部部长顾问，退休了仍忙得不行。余枢是武汉有名的心脏科医生，他的弟弟余桢从小一直是班上的头名状元，现在

武大附中王慎予老师（当时是
中共地下党员）留言

是空军指挥学院的退休教授，小弟弟余彬也是大学教授。他们的父
亲余炽昌（武大工学院院长、教务长）、母亲罗静庄也都在纪念册
上题了词。焦也顾，小学时我和他一同演过歌剧《金篮子》。他十
几年前在香港，还曾任过北京市政府的顾问，他的母亲顾如教授，
当年是武大的女生管理。叶德闲，我小学时的好朋友，后来是南
京大学的退休教师。方如玲，外文系主任方重教授的女儿。有些同
学虽不是武大子弟，也和我们十分亲密，如刘蒲青，我中学时最好
的朋友，班上最优秀的学生，稳重老练，曾在教育部门做少先队的
工作；王盛莹（荣），一位憨厚实诚的四川姑娘；王家甡、倪伟雄
（闻青）、李大年，三个高高大大的男生，伟雄绰号"长颈鹿"，
会篆刻，为我刻过图章。有些同学已离开了人世，如小滢的把兄李
永直，想起令人心酸。还有两位老师：李华甫，我们初中毕业时的
级任老师，他送小滢的题词是"前程远大"，给我的是"无翼天
使"；王慎予，中共地下党员，对我们这些作文好一点的同学十分
喜爱，后来是湖北省教委的领导。世事沧桑，难得的是小滢至今依
然保持一颗年轻的心，天真、坦率、热情、好客，有一种使人不忍

拒绝的魅力。正是在她的鼓动下，我们这些平日疏于来往的老同学几乎年年聚会，一些断了联系的朋友又接上了关系。

作者简介：吴令华，1930年11月生，浙江海宁人。1947年入金女大中文系，师从陈中凡、吴组缃先生。1949年参加工作，长期从事工会文化工作，是新中国此项工作的开拓者之一。离休后仍承担编写教材、培训干部的任务。另编辑出版《吴世昌全集》《吴其昌文集》等书，撰写发表有关文史文章数十篇。现居北京。

《让庐日记》
中记录的小滢

杨静远

我的干姐杨静远和我从小在一起，像亲姐姐一样关心我。多年来我每次去北京都要去看望干姐。我小时候她给了我很多照顾。干姐在她的《让庐日记》中有很多对于我和我家的记录，读者可以从中了解很多。

——小滢

《让庐日记》摘编

1941年夏，中央大学、西南联大、武汉大学、浙江大学四校联合招生。那时日机轰炸频繁，父母不放心我一人在外地上学，让我报考武汉大学，为图全家团聚，有个照应。我考上了武大外文系，此后就在乐山一直读到1945年毕业。从1941年夏，我开始记日记，整整4年不曾间断，直到1945年抗战胜利，我离家走进社会，一年后赴美留学。1941年7月14日，我写下第一篇日记。这时我十八岁半。

杨静远著《让庐日记》

青年杨静远

下面是我当年有关小滢报名参军的两篇日记：

1944年12月1日　星期五

……晚饭前郭么姑[1]来告诉我们一个消息：陈小滢、郭玉瑛、杨衍枝报名从军了。真想不到这三个热烈的孩子居然这样做，太可爱了，也太可怜了。她们是真正为国事忧心，单纯的热情冲动使她们有所行动。但她们都只有14岁，够不上服兵役年龄。当然小滢的事我们家非负责不可。晚上爹妈劝她：年龄太小，去从军是白牺牲。她难过极了，恳求妈妈不要阻止她。

1944年12月2日　星期六

小滢一夜没睡好，这孩子简直把心完全献给国家了。我惭愧，我就不能为国家把自己忘得干干净净。她比我起得还早，在灯下读《正气歌》。我五点多起来，我们在刺骨的风中生火，好容易才生燃，烧了水，我刚赶上上俄文。战事真是步步吃紧，今天已广播说已打到六寨，是贵州边境，唯一可守的南丹险要早丢了，眼看就到贵阳了，大家心乱如麻。女同学们讨论着，觉得

---

[1] 四川的许多女孩儿叫"么姑"，么为"幺"（音yao）。
郭么姑是武大工学院郭霖教授的小妹妹。

—— 杨静远注

小滢干姐杨静远当年给小滢纪念册画的画

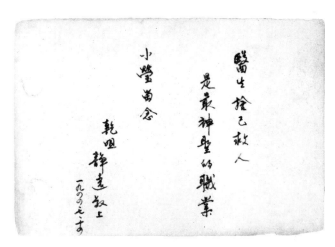

小滢干姐杨静远当年给小滢纪念册的留言

唯一出路是去从军。可是我们仍旧照常行事，下午照旧去联青练唱。散会后顾耕告诉陈仁宽，"贫病作家救济会"请我们参加表演，我建议把月底那次音乐晚会送给他们，因为在这种时候没有名义开音乐会是会遭人非议的，而且自己良心也不安。小滢这一回可怜极了。一个14岁的孩子，怀着满腔热忱要献身给国家，不料这样纯洁的行动却给她招来人间最丑恶的反应，她的同学们（尤其是女同学）都讥刺她们三个出风头。她心碎似的说："中国人的心死了，哀莫大于心死。"对于一个有着美丽幻想的孩子，这该是多大的幻灭啊！我也不能安慰她。我的心像铅一般沉重。

作者简介：杨静远，1923年出生，著名文学家、翻译家袁昌英之女。当代作家、资深翻译家。1945年毕业于武汉大学外文系(学士)，1948年毕业于美国密西根大学英语系（硕士）。退休前任中国社会科学院外国文学研究所研究员。现居北京。

小滢同学抗战时期的两封家书

郭玉瑛

我的好友、武大老教授郭霖先生的女儿郭玉瑛同学的作品，读者可以从中了解到我的家庭和少年时代的我当年的爱国热情。

——小滢

抗战时期，我家随在武汉大学机械系任主任的父亲郭霖，迁往四川乐山，在那里度过了我的少年时代。1941年小学毕业，我考取了乐嘉中学（后改名为武大附中），在中学我结识了同班同学杨衍枝，她是乐山唯一一所仁济医院院长之女，长得眉目清秀，性格内向，举止文雅，擅长书法。那时的我也性格内向，胆小腼腆，不苟言笑，只知读书。相似的性格使我们两个人很快成了好朋友。

1942年，班上来了一位新同学，叫陈小滢，她是武汉大学文学院院长陈源（陈西滢）之女。她聪明伶俐，天生活泼，耿直豪爽，性格外向，颇有些男孩子气。她胆子特大，敢攀高上树、爬吊绳，落地时双手磨破了皮，鲜血直流也不在乎。她的个性虽然与我和衍枝截然不同，但是我们居然一见如故，坦诚相交，每天上学都是结

三个立志从军的少年好友，左起杨衍枝、郭玉瑛、陈小滢（摄于1944年）

1942年衍枝同学在纪念册上的留画

伴而行，畅谈个人理想抱负，议论战争，谈论形势，关心国家的存亡，很快就成为了形影不离的朋友。

武大是一所学术空气很浓的学府，从1937年开始，周恩来、陈独秀、郭沫若等人曾先后来武大演讲，传播进步思想。武大附中的历史老师上课时，结合国内形势，分析战争情况及当前中国危机，给学生灌输爱国主义的思想，激发我们的爱国热忱。生活在这样一个进步思想氛围中，我们虽小，也令我们小小年纪就树立了"国家兴亡，匹夫有责"的责任感和抗击日寇的强烈愿望。

当时小滢家订了很多报纸，其中有一份《新华日报》，我们可以从中了解到共产党解放区的一些情况，我们都感觉到共产党才是真正抗日。我们三人憧憬着有一个民主进步的新社会来替代国民党统治的社会，我们愿意为抗日贡献自己的一份菲薄力量，可惜报国无门。那时我们最敬佩《水浒》中的绿林好汉，无事时常在一起背诵一百单八将的名字及绰号，还各自选择了一个与自己性格相似、自己所崇拜的好汉名字作为自己的外号。小滢性急自称"霹雳火秦明"，我则因做事动作鲁莽，选择了"黑旋风李逵"，这还不算，看了《三国演义》后我们又想当英雄，学桃园三结义结拜成乐山三姐妹。三人中我长得比她们两人高，被称为刘备，衍枝是关公，小滢年龄最小，只能当张飞了。说心里话，我们并非想当什么英雄好汉，只是借古讽今，对国民党不积极抗日宣泄怒气而已。

由于志趣相同，我们课后经常一同去武大校园看壁报和进步刊物。主办者与地下党有联系，有时也如实报道《新华日报》的内容，刊载一些来自沦陷区流亡学生思念家乡和充满对日本侵略者的仇恨、要求抗日的文章。这些报刊使我们认清了腐败的国民党消极抗日、积极反共的险恶用心，更加激发了我们的爱国热情，树立起牺牲自己、保卫国家的远大理想。

乐山当年是处于四川西部的一个偏僻小县，靠近西康。刚到四川时，生活还算稳定。可是，1939年8月19日日本侵略者出动了36架轰炸机，飞临乐山上空，投下了大量的炸弹和燃烧弹，顷刻之间小城陷入一片火海之中。三分之二的街区被夷为平地，约两万人在熊熊大火中丧生，其景象惨不忍睹。短暂安定的生活随即被日寇的轰炸毁灭。

从此，武大师生的日子每况愈下，学生靠贷学金生活，经常以酱油加水当菜下饭。大学教授的生活也十分拮据。物价飞涨，有

1932年冬季胡适访问武汉大学时的留影。

前排左四起依次为胡适、苏雪林、凌叔华、袁昌英。前排左三：刘秉麟（小滢同学刘保熙之父）；最后一排左四：吴其昌（吴令华之父）；倒数第二排左一：小滢父亲陈源（西滢）。

本文作者郭玉瑛父亲郭霖教授
（1894—1942）

1925年毕业于英国格拉斯哥大学
机械造船科。就读期间曾多次获得奖学
金、奖牌、奖状，并获得八国留学生数
学竞赛第一名。1926年受聘在英国费克
威（vickers）造船公司任工程师一年，
1927年回国后曾任福建马尾船政局工程
师和上海江南造船厂机械设计师。1929
年受聘武汉大学任工学院教授，后任机
械系主任，除直接担任教学任务外，还
进一步充实材料实验室和实习工厂的设
备、增建蒸气透平（turbine）发电厂
等。设计了行驶在武昌与汉口之间航速
快的"建阳轮"。1938年武大迁至四
川乐山，他任迁校委员，负责经管武大
在乐山校舍和大礼堂的建设。设计出钢
盔、防毒面具压机，供前方战士使用。
1942年由于长期劳累、生活艰苦，积劳
成疾而不幸去世。

本书顾问、作者之一吴令华父亲吴其昌教授
（1904—1944）

字子馨，浙江海宁人。清华大学国学研究院
第一届研究生。曾任南开大学讲师、清华大学专
任讲师、武汉大学历史系教授、系主任。

从十九岁发表第一篇学术论文算起，治学生
涯最多二十一年，后七年又值国家危难关头，个
人疾病缠身，而坚持完成了"金文历朔""金文
氏族""金文兵器"等系列研究，并写下"殷墟
书契"、古音韵、田制史、历代边政、地理、宋
元明清哲学史等论著一百八十余万字。最后的著
作是《梁启超》，以仅存的一点气力，一口气完
成五万余纪念恩师的文字。此时离他辞世仅一个
月的时间，真是"呕出心血"换来的。

他还是一位热血沸腾的爱国志士：
"三一八"抗议军阀卖国，他举大旗在前，子弹
从耳旁飞过，不计个人生死；"九一八"为逼蒋
抗日，绝食谒陵，甘愿奉献全家的性命；抗战军
兴，他要求携妻带女上前线。他扶病写出的抗日
救国文章有数十万字，真正做到了以生命殉他的
事业。

方克强在抗战胜利的日子写
给小滢的留言

时竟然百倍增长。当时武大流传着这样一句话："教授教授，越教越瘦"。中文系教授苏雪林，曾将自己准备养老用的积蓄"两根金条"捐献给国家作为抗日之用，由于物价飞涨，生活极端贫困，她只得靠自己种菜维持生活；我的父亲胸怀满腔爱国之心，捐出积蓄的1000银元，并夜以继日地设计水雷快艇以抵抗日寇的水上侵犯，但未被国民党采用。他还为了减少作战时前方战士的伤亡，亲自设计了钢盔和防毒面具，在校办工厂制造，供前方战士使用。由于生活贫困，积劳成疾无钱医治，父亲于1942年2月英年早逝。武大历史系主任教授、我班同学吴令华的父亲吴其昌伯伯，在"九一八"事变后，为要求政府出兵抗击日寇而绝食到南京政府请愿。他在武大期间，一直坚持把授课科研与宣传抗日结合起来，宣讲撰文以爱国主义教育学生，为宣传抗日写论文百余篇。终因生活贫困，劳累过度无钱医治，在我父亲去世两年后，也被疾病夺去了生命。那时我们看到吴令华为父亲穿戴的孝衣非常难过[1]。

　　不久，日寇大举进攻四川周边省市，广西、湖南、贵州等省的大城市相继失守，四川处在日军包围之中，国家危在旦夕。凡有一

---

[1] 吴令华在本书编写过程中告诉我，当年武汉大学为这些不幸去世的教授家属提供了很多生活上的照顾，仍然继续发工资，直到武大迁回珞珈。

————高艳华注

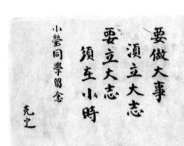

方克定当年留言

分爱国之心的人，都不能容忍日寇欺侮我中华民族，都不甘当亡国奴。这时报上刊载动员青年学生参加青年志愿军的号召，提出招收十万知识青年入伍，组织青年远征军，抗击日寇，保卫中华民族。街上贴出大标语："一寸山河一寸血，十万青年十万兵"。我们的血沸腾了。

1944年12月1日，年仅十四岁的我、小滢与衍枝破指写下血书，弃学报名从军，终因年龄太小未被批准，小滢难过极了，彻夜未眠，在灯下读《正气歌》。她干姐看了心疼地说，小滢这孩子简直把心完全献给了国家。

小滢激动之余，还给这时被国家派往英国帮助宣传中国抗战的父亲写了一封信。小滢的信于1945年1月才寄达英国，陈源教授读后十分激动，为女儿的爱国行动自豪。他当即将此信交给在英国出版的《中华周报》编辑看，编辑看后颇为激动，深有感触地说："我们国家有如此杰出的青年，绝不会灭亡。"当即决定将此信加编者按刊登在报上，原报摘录如下：

中华民国三十四年一月十八日，一封十四岁女孩子的信。

编者按：陈源教授十四岁女公子从乐山来信给她爹爹，要求从军。编者捧读再三，实在爱不忍释，我们中国将来必然有灿烂的前途，因为有这样爱国的女孩子。我们中国的教育不曾失败。编者征得陈源教授的同意，发表原信，一字不改，以飨读者。想我们每一个留英同胞读后，都将感到惭愧和奋勉。下面是陈小滢小姐的信：

最亲爱的爹爹：

这几天你和姆妈[1]都没有来信，你可以想得到我的不安与焦虑的。本月一日，我和玉瑛、衍枝都报名从军了，我想你一定很惊骇的。但是我们为了多种理由终于决定从军，一方面敌人已经攻至六寨，昨天听说已到独山，我们的军队步步退却没有一点力量反抗，国家的危亡就在旦夕之间。我觉得时至今日，只要有血有肉的人，都不能忍受下去，都要与敌人去拼。国家给予我生命，培育了我，我要把生命还给国家，将血肉之躯供置在祭坛上，以生命的代价，争取国家的生存。虽然多我一个人不会有多大的效果，但是多一个人就多一份力量。我相信国家亡了，战争失败了，我的学习及事业都会完全废了。何况上前线并不一定死，即使是死了也是光荣的。另一方面就是我们受不了、看不惯这些后方官吏们的淫靡生活，这无耻及黑暗的社会，若是这样下去，我会疯狂毁灭。他们那些没有国家观念的人是什么东西呀！

但是，我痛苦的是想到你们，若是我死了你们会是多么的悲痛，我不敢设想。虽然我用"忠孝不能两全"来安慰自己，但是它不能安慰我的心。我想到陈家除了我，只有贻春（堂弟）一人，我去了，陈家又少了一个后代。

---

[1] 南方人称母亲为姆妈，当时小滢母亲凌叔华的很多社交活动在重庆进行，重庆距乐山当年乘汽车走山路要两三天时间。那时小滢经常是在干姐静远的陪伴下生活，以致连小滢报名从军的事她父母当时都不知道。
—— 吴令华注

前夜我一夜未睡着，干妈等劝我说："犯不着从军，长大后致力于更大的事业，对国家的贡献更大……（以下报纸残缺）

今天看来，在那个战火纷飞的艰难时刻，我们国家有这样多的人发誓与侵略者抗战到底，中国能亡国吗？

果然时隔一年，1945年8月15日这一天，是最令人难忘也最令人高兴的一天，日本宣布投降了。乐山全城沸腾，鞭炮声大作，人们举着火把自发地游行。武大和武大附中的学生游行队伍，绕着乐山走了一圈又一圈，直到子夜才散去。我们苦苦盼望的胜利终于来到，中国人民终于从日本侵略者的铁蹄下站起来了，这时的小滢，又怀着激动的心情给她的父亲写了第二封信，信中写道：

最亲爱的爹爹：

我在极度大兴奋中写这封信给你，今日晚上听广播中称，日本投降！晚饭后八时许，忽听山下缪恩钊家大嚷，日本投降了！我听了狂极，跳了出去和缪家的一个女孩拥抱起来。我和同学克强、永直一起跑下山，疯狂地跳着、喊着，我一只皮鞋底掉了一半。我买了炮（爆）竹，一路点一路奔跑耍舞，人火混在一起都分不清楚了，我们一直跑到公园门口又碰到一些男孩子，遂点着火把高呼口号，我们都疯狂了。后来我们又跟着一批大学生一起跑，一直跑到半边街，大喊"中华民族万岁""祖国万岁"等等。后来永直头发全起了火，头发烧光衬衣烧烂。我和永直及方家的一个孩子站在路边高跳喊着"抗战军人万岁"。走回家中冷静下来，想到一些死亡了的受伤了的军民，遂很严肃地起誓我要将身体献给国家。我是真高兴又难过，真的我要疯了，写不下去了。深夜近安！

女小滢上　卅四年八月十四日

本文作者郭玉瑛从军留影

又：现在深夜三时，我独自徘徊在满乱坟的山上，我大哭了。彷徨看到无数的同胞在空中向我呼怨，向我求救。爹爹，我哭了，当时我又立誓："一定报仇！"今夜我不睡了，我要等到黎明，看那九年来第一次光明的日出。

抗战胜利到建国前夕，我们三人天各一方。我大学三年级报名参军，终于圆了少年时的从军梦；小滢到英国以后很长时间音信皆无；衍枝继续了父亲的医学事业，在北京从事医务工作。岁月如梭，今天我再捧读这两封经历了一个甲子漫长岁月、发自当年少年小滢肺腑之言动人的信，不禁感慨万千。

在我们分别半个世纪后的1996年3月，小滢自北京专程来武汉看我。2000年10月，我又专程去北京看望小滢和衍枝。我们畅叙往事，圆了离别半个世纪以来的相聚之梦。我们都深切地体会到，由抗日爱国共同理想建立起来的友谊是值得终身珍惜的。

作者简介：郭玉瑛，1947年就读于长沙湘雅医学院，1950年参加中国人民解放军，曾参加抗美援朝战争。现居武汉。

怀念吾师陈源（西滢）先生

袁望雷

陈源，字通伯，号西滢，1896年生于江苏无锡。他是一个地地道道的英国留学生，16岁赴英，从中学读到大学，在爱丁堡大学、伦敦大学攻读政治经济学与文学，26岁获博士学位。学成回国，即在北京大学外文系任教授。他是《现代评论》周刊创办人之一，因撰写该刊的"闲话"专栏文章闻名于世。1929年至1943年，他出任武汉大学文学院院长。1944年再度赴英，在中英协会任职。抗战胜利后，他成为国民党政府驻巴黎联合国教科文组织常驻代表，直至1966年退休。然后定居伦敦，1970年病逝。

陈源教授因1925年北京女师大学潮与鲁迅打过笔战，站在进步学生及鲁迅的对立面，所以一些人认为陈落后的看法就此形成。他从1924年到1927年间在《现代评论》和《新月》上发表了许多篇散文，并亲手编辑了《西滢闲话》。他很少写其他文章，其后把绝大部分精力用在教书和文化交流上，仿佛从写作界消失了。他的《西滢闲话》大都是时评、戏评、影评、书评、作家评，切入时弊，臧否人物。他对于当时的北洋军阀颇为不满，指责政府当局贪污腐

小滢父亲陈源（西滢）先生

败。现在我把《西滢闲话》的主要论点分述于后，借此可以洞察陈源教授的为人和处世。

鞭笞旧中国的官僚制度

在《共产》一文里，陈教授写道："做事的拿不到钱，拿钱的不做事，拿钱少的做事愈多，拿钱愈多的也做事愈少。""一个人孜孜的一天工作了12点钟还衣不蔽体，食不饱腹，妻子蓬头垢面，儿女呼号啜泣……这样的制度不扫除怎能叫中国人不想做官？"

在《官僚》一文里，陈对于官僚的刻画真是入木三分，且看："官僚的秘诀，就是在虽然他不说一句实话，他却自己相信他的话句句都是真，这道理非常浅显。一个人自己还不相信自己的话，怎能使别人相信呢？所以我们猜想官僚脑部的构造与常人是不一样的；除升官发财那一个统一的机关外，其余都是互相隔绝的部分；要作弊的时候开甲部，其余部分闭塞了；好像一个柜上有好几个龙头，开一个流出来的是水，开第二个流出来的便是酒；又好像话匣子，放上一张唱的是生，放上另一张唱的便是旦。""他对不同的人，说不同的话，尽可能在十分钟内相矛盾四五次，而每次都剖心

陈西滢墨迹

沥血，叫人信服他的诚意。他自己妻妾满堂，对人却高谈女权；他自己营私舞弊，在人前却能痛哭流涕地痛恨官僚的腐败。"

不以政见相左而轻其文

在《新文学运动以来的十部著作(上)》一文中，陈说："我要举的代表作品是郁达夫先生的《沉沦》，和鲁迅先生[1]的《呐喊》！""鲁迅先生描写他回忆中的故乡人民风物，都是很好的作品。""阿Q不仅是一个type（典型），而且是一个活泼泼的人，他是与李逵、鲁智深、刘姥姥同样生动、同样有趣的人物，将来大约会同样的不朽的。""我不能因为我不尊敬鲁迅先生的人格，就不说他的小说好，我也不能因为佩服他的小说，就称赞他其余的文章。"

---

[1] 很多人都知道，我父亲与鲁迅先生曾有过文学论战。但父亲从没有与我说过任何不满鲁迅先生的话。他还对我说过，他们之间见面的时候鲁迅先生还迎上前来与父亲握手呢。

—— 小滢注

重视教书育人

在《著书与教书》里，陈教授是主张教书的，他说："胡适之先生的著书和译书的大计划，我们已经说过我们是十二分的赞成，可是他同时要脱离教书生活，我们就不敢赞同了。"他又说："欧洲的大学往往因为有了几个人格伟大的教授，全校的学风甚至于全国的学风，居然一变。中国从前也有许多书院，造成一种特殊学风，这不能完全归功于治学方法，大部分还得力于人格的陶冶。""只有一般专心学问的教授以身作则，由人格的感化，养成好学的学风。""我希望胡先生还是每天少写一千字，不要脱离教书的生活。"陈教授再三强调教书育人的重要性，他用行动实践了自己的主张。他先后在北大、武大教书二十余年，虽不能说他的桃李满天下，而他教的学生还是不少的，如著名的翻译家叶君健学长，就是1937年武大外文系毕业的。叶曾在《陈西滢和凌叔华》一文中表达了他对陈源教授的怀念。还有1941年武大外文系毕业、与笔者同班的吴鸿藻去台后改名吴鲁芹，任台大外文系教授，是台湾著名的散文作家。他于1983年在旧金山去世后。台大教授、另一位武大校友齐邦媛编辑出版了《吴鲁芹散文选》，曾在台湾风靡一时。

陈源教授在武大任文学院院长时，曾教过我们三年英文课，如英文短篇小说、英国文化、翻译、世界名著等。我爱听他讲"英国文化"这门课，不发讲义，不用教本，指定几本书作为基础读物。他背微驼，上课时常穿长布衫，戴金丝眼镜，慢条斯理，每隔三五句就要"这个……这个"一两次。久而久之，我们觉得"这个……"是讲课的一部分，像是无声的音乐，又像是让我们回味他讲过的话。于是刹那间，我们忽感有所领悟，那份喜悦是难以形容

武大元老陈源等六人合影从右至左：

陈源(1896—1970)，字通伯，笔名西滢，文学家，本书讲述者小滢的父亲。时任武汉大学文学院院长，后任国民政府常驻联合国教科文组织代表。

周鲠生(1889—1971)，法学家。时任武汉大学政治系主任，后接替王星担任武大校长。解放后任外交部顾问、全国人大代表，并任全国人大常委会法案委员会副主委。

孙洪芬，时任中华教育文化基金董事会干事长。当时他来武汉大学考察，支援武大理、工两院购买设备的部分经费。

皮宗石(1887—1967)，字皓白，经济学家。本书顾问、留言者之一 —— 皮公亮的父亲。时任武汉大学教务长，后任湖南大学校长，解放后任中南军政委员会财政经济委员会委员，湖北省政协常委。

查谦(1896—1975)，字啸仙，物理学家。本书留言者之一 —— 查全性的父亲。时任武汉大学理学院院长，解放后筹建华中工学院(今华中科技大学)，并担任首任院长，全国人大代表。

叶雅各(1894—1967)，森林学家，时任武大建筑设备委员会委员兼秘书，参与勘定武大珞珈山新校址，后任武汉大学农学院院长，解放后任湖北省林业厅厅长。

—— 皮公亮注

的。他在讲授"英国文化"时，旁征博引，头头是道，同学们觉得陈老师是一位通儒，这门课最能表现他的学问渊博。我每次上课如入宝山，从不空手而回。

他对学生温文尔雅，笑容可掬，从不板着面孔。他和英国戏剧家萧伯纳是朋友，萧氏主张用笑来教育人，陈教授受他的影响，也相信用笑来教育，比道貌岸然来训诲更为收效。上面提到的吴鲁芹曾在一篇文章里谈到陈源教授说："谈到通伯先生的学问或者文章，我都不佩服，……但对先生之风，先生的幽默感，先生的人情味，先生潇洒中不失其认真的态度，我是亲身感受到的。"

我认为评价一个人，不能只看他的一时一事，要看他的全部历史和主流。陈源教授一生对中国的高等教育事业做出了不可磨灭的贡献，为国家培养了许多外语人才：有的成为翻译家，有的成为作家，有的成为大专院校的外语教师。在他编辑《现代评论》的"闲话"专栏时，他痛斥北洋军阀政府，同情下层劳动人民。他长期居住英国，为促进中英文化交流做了不少工作。从前面谈到的《陈西滢与凌叔华》一文中还可看到，"中国地质之父"李四光教授当年从海外返回解放了的祖国，陈源教授夫妇还帮了不少忙。陈氏二十年代在北京女师大学潮问题上虽有其落后的一面，但瑕不掩瑜，陈源教授是一位对祖国有贡献的知识分子，是一个爱国者。

（作者为武大老校友）

第二编

乐山少年的旅途

——名家赠言精选

小莹同学

醫生素來被稱為

仁心仁術

……你將來做一……

吴稚晖（敬恒）留言

■ 我从千佛来，来见嘉定佛。千佛是小莹（滢）前生，大佛我与父亲所见。

敬恒，卅一．九．十五

■ 吴稚晖（1865—1953），民国元老，书法家、教育家。

有关吴老先生的回忆

吴稚晖先生是孙中山的好友，是民国元老级人物，孙中山、汪精卫、蒋介石都敬重他。我1944年看到他时，他已经八十岁了，1946年再次看到他时，他没有一点儿老的面相。他脾气很怪，有些人认为他是个疯子，因为他和别人完全不一样。他也是诗人、书法家、教育家，著有《国音字典》等等。他的一生非常不寻常，也和周恩来总理有交情。吴老的一生非常丰富有趣，他当过大学校长、监察院委员，1948年，国民党政府召开的第一届国民大会，吴先生被推为主席团成员之一。他一生写过许多文章和书，兴趣广泛。很久以前，他在日本就参加了同盟会。我的二叔陈洪写过一本他的传记。

吴老在我的纪念册上题了字，还画了画，画有大佛和小佛，

吴稚晖先生

这我认为很可能是人世间唯一留存的吴老的画，墨迹有存，可他的画我没有在其他书刊见过。他那时刚从敦煌乘汽车回重庆，路上经过乐山，来看我们。事情大概如此。他是当年带我父亲到英国读书的，那时我父亲陈西滢才十五岁左右。我的堂弟告诉我说，吴稚晖的外祖母是陈家人，吴稚晖早年丧母，因此他外祖母把他带到无锡陈家。吴家七代以来都是独子，所以他没有兄弟姊妹。他是我父亲的表叔，我祖父的表哥。在陈家，吴老和我祖父自小在一起，一起读书等，后来他把我的父亲带去英国，又把我二叔带去法国，所以吴稚晖和我父亲家特别亲。因此他也特别喜欢我。

这一天，吴先生从敦煌考察回来，同钮永建同时来到乐山，他们高兴地为我画画题字。当时，成都派护卫保护他们，因为吴先生在国民党的地位很高，保卫工作相当严密。先生见到来人紧随，大骂："我们又不是犯人，为什么要看着我们啊？"来人报告说，县长要来看望您……也被吴老拒绝。吴先生特别怪，尤其是作为与孙中山同时代的民国元老，就属他资格老，可是他的外表很难与他的社会地位等同。当年他非常朴素，穿着可以说是非常旧的旧衣，不修边幅，很邋遢。

小时候父亲给我讲过这样一个发生在吴先生身上的故事。我父

吴稚晖（右）与孙中山先生合影

亲当年被选为国民参政会的参政员，但是父亲好像没有参加过一次
会议就出国了。听父亲说过，有一次，国民参政会开会，吴先生入
场，门口执勤的卫兵却拦住不让吴老先生进，根本不信这个人是参
政员，他索性就在门外找到一个台阶坐下休息。直到大会开始，一
贯对于吴先生也让三分的蒋介石焦急地问，吴老先生怎么没有来？
派人出去找，才了解了情况。他说，谁叫你们把门的不许我进去？

　　吴老先生因为穿着太邋遢，没有什么像样的衣服，招来很多
麻烦以致多次被打。比如坐船，国民参政员乘船外出可以享受头等
舱的待遇，他坐上去，竟然被检查人员认为是欺骗，还挨了一个巴
掌。后来才知道打错了，打手来道歉赔罪。

　　我记得四十年代抗战期间的重庆，因为要迎接美国副总统华莱
士（译音）来访问（珍珠港事件以后美国希望与中国合作），为了
接待他的到来，重庆临江周围街道上的厕所全部拆除，吴先生对此
十分不满，就蹲在地下排便，被人斥责，还被扇了一个耳光，吴先
生说，把厕所都拆了，我有什么法子，总不能吃了不拉吧？后来打
人者才知道这个老头儿是大名鼎鼎的民国元老，急忙来道歉。

　　吴先生对于蒋介石不满意，经常拿他身边的人糟改开心。比
如，他爱养猫，四只猫都起了蒋介石身边高官的名字。叫哪个名

字，哪只猫就真听话来到先生身边。吴老先生的家也非常朴素，我印象他家没有什么像样的东西，床铺很多，用来招待朋友，房间拥挤，床上有床，床下也有床，为的是可以挤着住，可以招待更多的亲友。他家的家具非常简单，就是有一个比较是像古董的碗，自己用。我印象中的他就如同济公一样，潇洒得像济公，简朴得也像。我小的时候受他的影响，也经常拿一把扇子，模仿济公，扇子上写着"精忠报国"四个字。

别看这个"济公"，他与济公最大的不同点就是懂好几国的文字呢！

吴老是1953年去世的，享年89岁。

记得吴先生有两个孩子，一个男孩一个女孩，都患有很严重的病。

罗家伦先生抗战时期任中央大学校长，抗战时中央大学迁入重庆沙坪坝，我在重庆时常看见他，他非常爱小孩，特别爱逗我，用手杖捅我的脖子。近年，我与罗先生的女儿罗久芳取得联系后，延续了两代人的友谊。她为我从他们父女两代历史学家的丰厚史料积累中找到我父母的书信墨迹近四十封，给我邮寄到伦敦，她对于历史研究严谨，对于朋友的热忱，值得敬佩。她还告诉我，她的父亲与吴老先生是忘年交。以下是罗家伦先生的文章，他写的关于吴先生的文章概括了先生的品德与学识。

[旁观]

我所了解的吴先生（节选）　　罗家伦

吴先生的交游很广，许多当时的名流，如蔡元培先生等都是他

童年陈小滢与众人留影
左起：吴稚晖的表叔、吴稚晖、
小滢、小滢姑姑陈汲（后为
竺可桢夫人）、小滢祖父陈育

的好朋友。吴先生的成就和贡献是多方面的。在教育文化方面他的
贡献很大。吴先生的眼光非常深远，他看出我们中国虽然同文，但
各省的读音却有很大差别，这是民族团结的大障碍。所以在民国二
年，他担任了全国读音统一会的会长，制定注音字母（后改为注音
符号），致力于统一全国的读音工作。吴先生深通中国文字声韵之
学，对西方文化与科学方法也有很深刻的了解，所以他知道怎样使
他的方法科学化，知道怎样去说服别人，有计划、有步骤地贯彻自
己的主张。他所领导的全国读音统一运动，不仅是中国文化的一大
交流，而且增强了中国全民的团结。

　　吴先生的学问浩瀚无比，包罗万象，思想亦颇能符合时代潮
流。在过去，中国许多学人都昧于国际知识，夜郎自大，看不起西

吴稚晖与蔡元培（左）在二十世纪二十年代末

洋文化，而先生却能客观冷静地来做研究和比较。他非常反对张之洞的"中学为体，西学为用"的主张，他认为先有了"西学为用"的主观观念再来谈此一问题，其结果必致只见中学之体，而不见西学之用。吴先生有自己独特的看法，有真知灼见，故能言人之不敢言，主张人之不敢主张。

吴先生的言行对中国近代政治有很大的影响，他虽然不做官，但每当民族面临危机之时，吴先生辄挺身而出，绝不回避。他的朋友如果对国家有贡献他一定支持赞助，不遗余力；如果对国家民族的利益有违背，他就毫不留情地予以攻讦，一秉至公，全无私意，使人望而生敬。吴先生与汪精卫是好朋友，但当汪卖国行迹暴露以后，他马上用其犀利的笔，予以诛伐，就是例子。

吴先生毕生服务国家民族，但从未任过官职，一生布衣，闲云野鹤，逍遥自得。他欲言，别人无理由干涉他；他欲行，别人也亦无理由干涉他。他给人的印象是"仰之弥高，钻之弥坚，瞻之在前，忽焉在后"的不可测度。

作者简介：罗家伦（1897—1969） 字志希，著名教育家、历史学家。1917年入北京大学，曾参与发起组织新潮社，创办《新潮》月刊，是"五四"运动中著名的学生领袖。1920年后赴美留学。1926年回国，1928年被蔡元培推荐为首任国立清华大学校长，1932年任中央大学校长，以后任国民党中央党史编纂委员会副主任委员、驻印度大使等。抗日战争期间他所创作的抗战歌曲广为流传，极大地鼓舞了抗战士气和民族精神。著有《科学与玄学》、《中山先生伦敦蒙难史料考订》，其他出版有《新人生观》、《文化教育与青年》、《心影游踪集》、《逝者如斯集》等。

吴稚晖与国民参政会　　罗久芳

父亲早在北大学生时代便认识了吴稚晖先生，并结成了三十多年的忘年交。1920年他到唐山去参观吴老办的工业专门学校，也一同去过煤矿和京奉铁路制造厂；并听到吴老谈他在巴黎办中国大学、回国推行"西文汉读法"和"注音字母"等创见，对他佩服得五体投地。1925年父亲在德国留学时写了一篇《吴稚晖与王尔德》，投给《现代评论》发表，后面有小滢父亲的附记，这是他与小滢父亲陈源（西滢）先生的最初结识。1960年代父亲主编的史料中有《吴稚晖先生选集》上下册、《吴稚晖先生墨迹》与《吴稚晖先生全集》（共十八册）。

1937年"七七"事变发生前，国民政府正开始筹备实行宪政。为了团结各党各派，沟通朝野意志，集中力量对日抗战，1938年组成的"国民参政会"，是一个议会雏形的咨询机构。其成员都是各地区、党派和集团的民间（非官方）精英，包括了吴稚晖、张伯苓、董必武、章伯钧、傅斯年、梁实秋等二百多人。我的母亲张维桢也曾任第二、三、四届参政员，记得她开会时住的女参政员宿舍里，有吴贻芳、邓颖超、史良和王明（陈绍禹）的夫人。1948年行使"五权宪法"后，参政会才告解散。

作者简介：罗久芳，1934年生，著名教育家、历史学家罗家伦的长女，历史学教授，主研中国近代史。现居美国。

商衍鎏留言

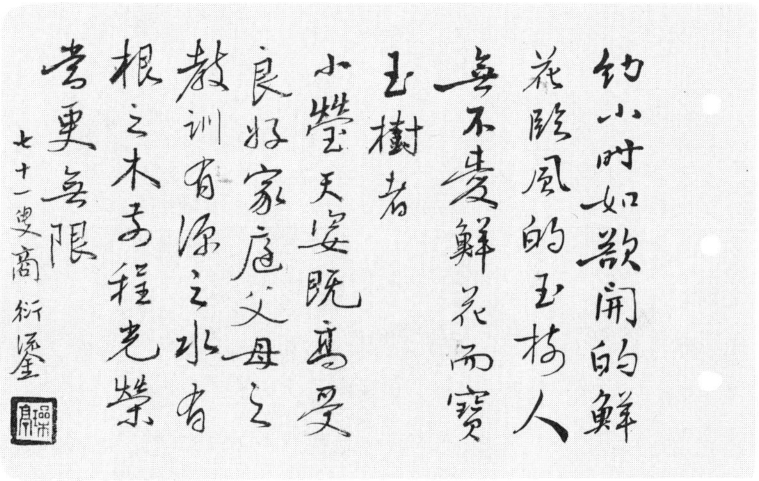

幼小时如欲开的鲜
花临风的玉树人
无不爱鲜花而宝
玉树者
小辈天姿既高又
良好家庭父母之
教训有源之水有
根之木前程光荣
当更无限
七十叟商衍鎏

■ 幼小时如欲开的鲜花　临风的玉树　人无不爱鲜花而宝玉树者
小莹（滢）天姿既高　受良好家庭父母之教训　有源之水　有
根之木　前程光荣当更无限

七十一叟商衍鎏

■ 商衍鎏（1875—1963），著名学者、诗人、书画家，清代最后一位
科举探花。曾任中央文史研究馆副馆长、广东省政协常委等。

最后一位科举探花

商衍鎏的题词，我一点也不清楚，那时我大概太小了。他可能认识我的母亲，算是母亲的前辈了。当时他已经七十多岁了，今年大概已诞辰一百三十多年了。他是清代科举制度的最后一位探花。

我想商衍鎏老先生的墨迹，也许在民间难得一见了。先生的话今天读来，我更被他的一片真情所感动，也希望天下青年都要珍惜良好的条件，奋发有为。据商老先生孙辈商志馥告诉艳华，他祖父是天津人，到底是哪个方位不知道，只是知道那个村都姓商。他的大伯（祖父商衍鎏的哥哥商衍瀛，长子）一家人现都在天津，在银行系统工作。

我的父亲商衍鎏　　商承祚

我父商衍鎏，字藻亭，号又章、冕臣，晚年自称康乐老人，缘于1956年迁居广州中山大学，是地乃旧名康乐村。父亲生于同治十三年甲戌十二月初四日（1875年1月11日），广东番禺人。

我先祖源出天津卫商家林村。父亲于光绪甲辰科后赴天津采掘，村中父老相告，商家林族中于明季一支迁河南，一支迁沈阳，故祖父尝自称沈阳商某，或被称沈阳商甫，实住铁岭，然已不知居于何村。清皇太极天聪五年，即明崇祯四年（1631），始纳入汉军旗。清初，商姓在铁岭为当地八大族姓之一。清康熙初平定"三藩"后，清廷乃于二十年（1681）决定派八旗军（首派镶黄、正黄、正白上三旗汉军）入驻广东。商氏家族以正白旗汉军于康熙二十二年（1683）从铁岭迁徙粤地，驻防广州，故当地方志记载："自清初移居境内，其族式微。"（民国二十年《铁岭县志》卷十一《氏族志》）我父参加光绪二十年（1894）甲午科广东乡试、三十年（1904）甲辰科会试以及殿试中探花（一甲第三名）的金榜上，皆书"广州驻防正白旗汉军人"。

我父自幼勤学奋读。六岁与伯父师事光绪十五年（1889）己丑翰林冯端（正白旗汉军籍，是科二甲第一百零五名）及其母舅岳炳卿于家舍，读《三字经》、《千字文》及四书、五经以及《孝经》、《公羊传》、《穀梁传》等。十二岁以后，学作八股文，读诗、赋、策、论等。十四岁至二十岁走读从师，先在玄妙观，后在光孝寺西华堂，受学章氏昆季（国荃、国珍）。在光孝寺师从二章先生最久，受熏陶最深。又从易氏兄弟鉴邦、鉴徽两师于光孝寺双

1904年（光绪三十年）商衍鎏（左）、
商衍瀛同入翰林院

桂堂，并学诗文、习书法。是时广州府设立羊城书院正外课生，优
者资助膏火之资，我父入选，受业同治七年（1868）戊辰科进士
（为三甲第八十七名）易学清（鹤山人）达三四年。后再转读学海
堂、菊坡精舍、越华书院、应元书院，得名师叶衍兰进士（番禺
人，咸丰六年丙辰科进士，二甲第二十五名）、吴道镕翰林（番禺
人，榜名国镇，光绪六年庚辰科进士，二甲第四十三名）悉心指
导，于是通文史、善诗书、研书法。此外又同时在粤华等书院考
课，或每月一课，或每月三课，优列者获奖金以助学业，父亲每每
得以资生，在当时小有文名。我父晚年回忆说："终日仆仆，皆以
练习科举考试为目标，以此白昼甚少读书的时候，而用功总在夜
间，'三更灯火五更鸡'，以这句话来形容士子的读书，真是不
错。"

　　在清廷举行的考核中，我父被评为最优列一等，晋翰林院侍
讲。从宣统三年（1911）翰林院"玉堂谱"记，父亲的职务是翰林
院侍讲衔撰文，同时任协办院理、实录馆总校、国史馆编修、文渊
阁校理等。职务繁重，却对国家大事非常关心，曾多次向清廷提出

一些改革建议，未被重视。

1912年德国汉堡大学派员来华为该校东亚系招聘汉文教师，我父鉴于当时国内军阀混战，局势很乱，决定应聘出国。汉堡大学董事会对这项工作很重视，专门拨出两万马克，由我父与另一德国教师编制采购中文书目，并以我父的名义向国内订购图书，第一次世界大战前德国购得了这批很有价值的中国图书，成为扩展汉堡大学汉语系基础的里程碑。目前拥有八万余册藏书的汉堡大学中国语言与文化系图书馆，已成为现今德国规模最大和最著名的图书馆。

我父在课余坚持学习德文，熟悉德国各方面的情况，虽然工作不太繁重，但也不轻松。在教学过程中，父亲常向他们介绍中国的情况，以消除种种隔阂，同时宣扬有悠久历史且博大精深的华夏文明。

我父的工作颇获好评，很受尊重。不仅在他们的图书馆里至今仍可看到父亲当年缮写的卡片，作为文物以珍藏，而且由于他知识广博，谦恭厚道，学行无比，教学认真，在当时得到校方的称赞，加之广集汉儒籍，建立德国第一间汉学研究中心，至今为德国所乐道；更为弘扬中华文明，促进中德文化教育的交流，起了首创之功。

1916年秋，四年合同期满，该校商议续约。父亲考虑到当时的形势与中德关系以及战时生活的困难，还有对我留在国内而慈母见背、体质孱弱的关怀和挂念，终于决定回国。因受战争影响，交通受阻，回程经丹麦、瑞典、芬兰转彼得堡、莫斯科，回国诸多阻滞周折。

1917年5月至11月，父亲先后任副总统府、总统府顾问、咨议，又兼江苏督军署内秘书职，不用全日上班，不理实际政务，只是处理一些礼节性的应酬文字而已。其后曾任财政部秘书、江西省财政特派员等职。在江西任内有商人请求父亲在修订某条例时能照顾他们的利益，事成则酬以重金。父亲当即严词拒绝，此事当时曾传为美谈。

1927年后，鉴于时政腐败，父亲愤而去职，以鬻字为生，并教育我们以治学为本，应从事教学研究工作。

1937年抗日战争爆发，由南京住所暂去扬州再辗转入川。初居成都，因避日机轰炸，移居夹江、眉山、乐山等地。及胜利回南京，居住长兄承祖处。1956年冬由我接回广州定居直至去世。

我父的思想比较开阔，又有强烈的爱国心，对帝国主义的侵略十分痛恨，曾对采访记者说："我是经历过三个朝代活的历史见证人。清代，我参加科举考试十五年，袁世凯妄想登基称帝的时候，我正在北平，拒绝为其所用。民国三年第一次世界大战爆发，我在德国柏林亲耳听到过帝国主义掠夺战争的炮声。中国人到处受到歧视，那是个什么世界啊！当我回到广州的时候，走到沙面望一望，帝国主义者都要来赶你。国民党政府的腐败无能，使我灰心失望，我再也不过问政治，整天过着'清高'的隐居生活。"在思想苦闷之际他读佛经，并手书《金刚经》、《心经》多通。父亲读佛经并不信仰佛教，因深知其为虚幻，在诗句中，间有佛家语及悲天悯人的情调，流露出一些无可奈何的情绪，反映出知识分子在没有找到正确的道路、具有正确的世界观之前，对现实不满而又找不到出路的矛盾心理状态。这种情况一直持续到解放前夕。

但是当民族危机出现，他又表现出爱国知识分子的那种本性。日本制造"九一八"事变侵占东北，他的《感愤》诗写道，"惊看砧肉供刀俎，忍撤藩篱逼冀燕"。并有"长蛇封豕欲难填"句，愤怒控诉蒋介石的投降主义路线，指出帝国主义的贪婪本性以及反动卖国政策必然带来的灾难性后果。

1941年秋前方传来喜讯，父亲欣喜不已，写下了"十六万虏同灰埃，欢呼河山指日复，驱除虏骑清九垓"（《辛巳中秋喜湘北奏捷》），与其后所写的"灭寇此嚆矢，欢呀瞻前路"（《湘北三捷》）等句，皆脍炙人口，被广为传诵。（以上各诗皆见《商衍鎏诗书画集》）

在蜀避难时期，父亲没有收入，经济上有很大困难。那时我与兄长承祖虽皆在大学任教，工资微薄，得出外兼职，有时还要典当，才能维持生计。我父为了减轻我们的负担，不让我们为他的生活担忧，乃决定卖文鬻字，靠砚田耕耘，自力更生维持生活。因父亲的书法早负盛名，求书者众。又时人往往分请甲辰科三鼎甲及传胪各写一条幅，合为清代四进士的四屏，珍藏鉴赏。除父亲外，另三皆在沦陷区，在求得他们三位的书件后，必须得到我父的字，才成全壁，因此来找的人不少。此事荣宝斋积极参与，借助他们各处都有分店的优越条件，承担收转写件的联系工作。通过这条渠道，寄来的写件源源而至。由于战时经济不振，润金不可能定得太高，扣除中间费用之后，所得不多，再加物价猛涨，润格的调整大大滞后，收入并不理想，但毕竟开辟了一条财路，生活得以改善。有时书件很多，父亲不得不终日挥毫，十分劳累。写到这里，汗流浃背，内疚万分。

1948年冬回到阔别四十五年的家乡，翌年广州解放。在这前后期间父亲客居港澳，赴京与大伯相聚，再返金陵著书立说，至1956年再归故乡。在南京，父亲老友人中的民革成员，常邀之一道参加学习活动，我父觉得很有收获，每次都积极参加，也影响了一些友人并带动了他们同往，从中接受教育，思想进步很快。在当地党和政府对他老人家关怀下，先后安排他为江苏省政协委员、江苏省文史研究馆馆员。到广州定居后，仍然安排为广东省政协常委、广东文史研究馆副馆长以及中央文史研究馆副馆长。发表了《赠海外爱国侨胞》、《和平共处展望》、《号召实现和平解放台湾》、《为党八中全会的号召欢呼》、庆祝国庆十周年的《开国大典颂》等，歌颂党的英明伟大、政府方针政策的正确，表达了他热爱社会主义、热爱人民的情怀。

我父中年有一些杂著皆毁于战火，后生活飘零无心著述。建国后精神振奋，老当益壮，每想发挥所长有所贡献。他考虑到在清代，自己亲身经历各项科举考试十数年，体会深刻，而对这项重要制度的专门著作还未看到。为填补这一空白，他自1954年起即着手撰写《清代科举考试述录》一书。在搜集资料方面得到南京图书馆、江苏省文史馆、南京大学图书馆及热心友人的大力支持，经三年艰苦努力，五易其稿，终于完成了二十三万字的专著。该书材料充实，内容丰富，对研究清代科举制度提供了重要资料，有很高的学术价值。

该书除科举考试本身问题的阐述外，还以最后一章介绍科场案件与轶闻。其中的重大事件与冤案，反映出当时社会的腐朽与黑暗，而应考士子亦受到种种折磨，甚至陷入文字狱，其被摧残的惨情，使人闻而心寒。

古人以诗书画为"三绝"。父亲在这些方面皆有很深的造诣。父亲在书法上造诣很深，他的作品流传不少，书法界有一定影响。过去在书法界有一种偏颇的说法，是"翰苑书例无足取"，是说科举人士因受"馆阁体"的束缚，不能成为书法家，这当然是片面

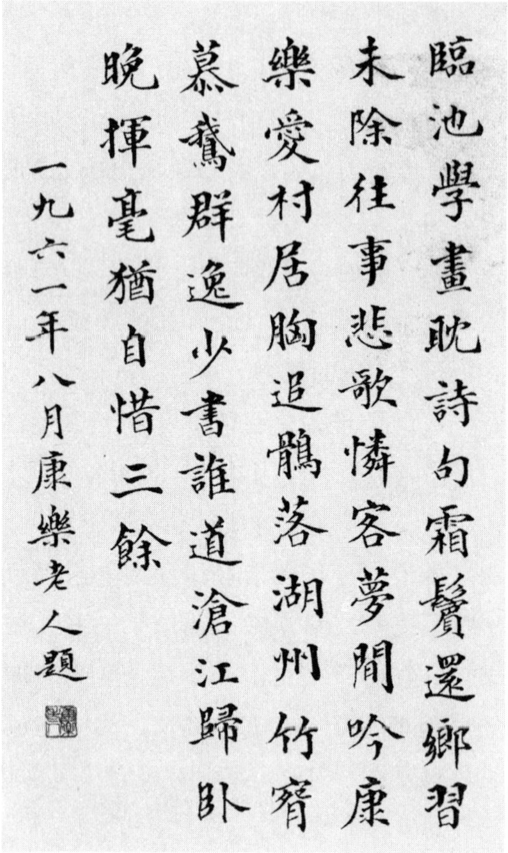

臨池學畫耽詩句霜鬢還鄉習
未除往事悲歌憐客夢閒吟康
樂愛村居胸迤鶻落湖州竹宿
慕鶩群逸少書誰道滄江歸臥
晚揮毫猶自惜三餘

一九六一年八月康樂老人題

商衍鎏先生书法

父子欣赏书法

的。叶恭绰先生曾加以批驳。他说："谓书家不能囿于翰苑可也，谓翰苑之必不能成为书家不可也。"这是很正确的。这个问题应该具体分析。我们知道，清代科举考试对书法要求严格，因此士子必在这方面下很大工夫。但是当时考试使用的"馆阁体"，要求字字整齐，笔笔平正，大小划一。这种刻板式的写法为书法艺术界所不取。父亲深知自己的字有笔法单调、不够开展的弱点，中年以后，从章草下手，力攻草书，六十岁后逐渐形成自己的风格。评者以为他的书法兼有颜字的沉着端庄、褚书的秀劲超逸，天骨开张，姿态颖秀，有很高的艺术水平。

我父喜欢画竹，作品不多，但风格不凡，挺拔多姿。他题画竹的诗有数十首，每以"遇严寒而苍翠不改，经霜雪而愈盛"的品格以自励。他总结了前人画竹的实践经验，撰写《画竹一得浅说》约两万字，很有参考价值。

我父为人正派，心胸开阔，他对子女要求甚严。但绝无专制家长作风。每以祖训"四恶勿沾，勤俭守正"教育我们，并亲书《荀子·修身篇》句与我为警言；至今荀子的"非我而当者吾师也，是我而当者吾友也，谄谀我者吾贼也"三句，言犹在耳，并将其写成条幅，悬之书房作座右铭以相警。他自己也处身力行，以身作则：为官清廉，烟酒不沾，生活简朴，待人坦诚。我兄弟两人在学术界的贡献与成就以及在思想上不断批判自己，在政治上继续要求进步，这一切是与父亲的教育分不开的。我父青年时经常打太极拳，中年以后坚持练"八段锦"及自我按摩。他近九十时仍耳聪目明、步履稳健，这是他重视自我保健的结果。

我父一生的遭遇，起伏很大。他少年艰辛，青年得志，中岁迍遭，晚年幸福美满，可谓否极泰来，红霞满天。他1963年辞世时甚为安详，公祭仪式由当时省委书记区梦觉主持，副省长、中大校长许崇清等各界人士三百余人参加，十分隆重，足见他深受人们爱戴，可以说一生无憾矣。

"痴愿淘将渣滓净，此身与世共光明"，这是父亲晚年居于中大的《康乐村居集诗》八首之末的诗句，也是对自己一生追求的总结。

（志馥、志校补正，本文经与志馥先生相商做了压缩）

作者简介：商承祚，商衍鎏次子，古文字学家、书法家。

冯玉祥、李德全夫妇留言

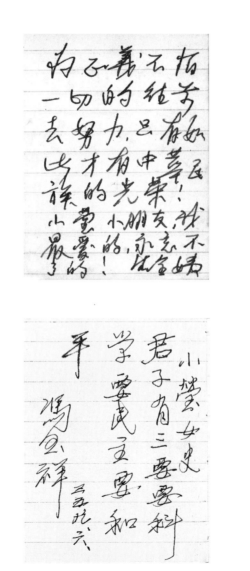

为正义不怕一切的往前去努力，只有如此才有中华民族的光荣！

小莹（滢）小朋友，我最爱的，永忘不了的！

德全姨

小莹（滢）女史

君子有三要：要科学，要民主，要和平。

冯玉祥

三五、九、六

■ 冯玉祥（1882—1948），民国时期著名军事家，著名爱国将领。

■ 李德全（1896—1972），著名社会活动家，全国妇联第一、二、三届副主席，中华人民共和国卫生部第一任部长。

关于冯伯伯与李姨的回忆

冯玉祥伯伯和夫人李德全姨我都非常熟悉，他们为我题字是在去美国的麦琪号船上。我与他们接触是在重庆的抗战时期。

我那时还是个孩子，他们夫妇在重庆总哄我玩，特别有印象的是冯玉祥伯伯为活泼好动的我，在抗战胜利后用童子军绳专门做了一个正规的秋千，我玩得可高兴了。我同学都为我高兴，他们问我："那个高高个子的老头儿是谁啊，是你家的佣人吗？"我说，"他是副委员长呢！"同学们都没有想到这么大的官这样平易近人。李德全姨是我母亲的校友，与我十四姨是同班同学。冯玉祥伯伯的家我那时候也常去，就在我叔叔家附近的重庆上清寺，他家有警卫，夜间这些保卫人员全睡在稻草上。冯玉祥虽然住的是洋房，但是里面没有床，与士兵一样睡在稻草上面。记得与冯伯伯李姨的

冯玉祥与李德全留影

孩子们在一起玩，是理达还是宏达我记不清了，他们比我大一些，在后花园我们调皮地摘黄瓜，黄瓜不好吃，生涩，可是他们都说好吃，我就也随着他们说好，想起来挺有意思。我还在他家吃了一次炸酱面，无论是家人还是士兵，大家每人手里都拿着一条黄瓜啃。别看冯玉祥当年当大官，他非常朴素，还没有架子，对人特别和蔼可亲。相比之下我就觉得在全民抗战期间，蒋介石的生活与别人就大不一样。

　　记得在1942年初春，我母亲和我刚从北京回到四川，路上走了两个月。在重庆，我们住在二叔家，李德全阿姨希望我母亲参加妇女抗战救国的工作，那时可能是宋美龄是挂名的头头。有一天，李德全姨把我母亲和我都带去见宋美龄，是乘汽车去的，一路上看到许多军警站岗，到了蒋介石家，蒋不在，只有宋美龄在。记得一见到宋美龄，她对我很严肃地说了句英文"Sit down"（坐下）。我觉得很不适应，心想，你是中国的元首夫人，为什么不说中国话？我那时心里很生气。她家的壁炉的火烧得旺旺的，我由于穿的很多，在那特别热的客厅里，差点儿晕倒了。那天也在蒋家吃饭了，吃的是空运来的新鲜菜，四菜一汤，在抗战的重庆这样的饭菜当然是非常讲究的午餐。我记得饭后佣人又拿来许多新鲜水果，宋美龄说这都是空运来的。当时我不肯吃，虽然我年龄小，但我知道空运水果是非法的，因为那是抗战时期。人民这样遭难，他们这样舒服，真是对比分明。国家这样困难他元首家可以吃空运蔬菜和新鲜水果，不与全国百姓同甘苦，这与冯伯伯家真是差别太大了。我更不高兴了，小小的年纪不快的情绪不加掩饰地全写在脸上。从蒋家出来以后母亲还埋怨我怎么不高兴，对人家不热情。从那天起，我的脑子里面总有委员长与副委员长的差别；炸酱面啃黄瓜与四菜一汤加新鲜水果的差别；有壁炉取暖讲究的洋房与稻草地铺的差别。

几年之后的一天，我和母亲在重庆的大街上竟然遇见中共代表团的周恩来先生和邓颖超女士，这是我头一回亲眼目睹中国共产党人的风采。我由此感受到中国共产党人的形象，我可敬佩了，他们与国民党宣传的绝对不一样。于是在当晚我写下日记一则，如下：

卅五年（注：1946年）一月六日　阴晴　星期日

中午和姆妈、黄方刚太太、岷江从家中出来到二叔叔处时，看到李姨跟着一群人在石阶中段。忽然，李姨招呼姆妈，过去一看，竟有邓颖超在旁边，穿着男子外衣及深蓝色中山装，剪短的头发，神气勃勃地，脸呈健康红色。她与姆妈握手后，我注意到一熟悉的面影过了来，"周恩来"，哦，在欢迎马歇尔的影片中不是看到了他吗？一个样子。穿了一件长的亮皮大衣，一件长袍，和蔼而又有气魄的微笑着，十足的学者态度。我惶惑了。邓姨却伸出手来和我相握"真大了！"周恩来笑着转身向我"这是你的姑娘吗？"亦伸手和我紧握。我一时想说许多话，但却都说不出来。旁边的七八个人员——大约是中共的人员吧——亦都微笑点头。他们许多人，上了两部小汽车挤着坐，一直到开车，周恩来还在里面微笑向人点头。我微笑着遐想，是的，中共领袖的丰（风）度，他们的气魄，当然叫人景仰、钦佩，没有官僚架子，没有那种盛气凌人的态度。对于人民总表示着关怀与爱护。是的，我见着他们了。我真高兴，虽然无数的人诽谤他们，我对于这几人总表示尊敬的。我要有列宁、克鲁特金的精神，我要救人民。哈哈，看看那些小官吏什么就是吧（此处原写有误），那虚假、那作伪、那穿着，都使我看不惯，那是衰败的现象！

后来，经历了四十多年的风雨，我有幸在上世纪八十年代与孩子受到邓颖超女士的亲切接见，她老人家还鼓励我的孩子为中英友好做贡献。

今天读起来冯先生和李姨当年给我的题字，真是感慨万千。周恩来、邓颖超、冯玉祥伯伯、李姨，他们的一生就是为科学民主和平奋斗的一生。他们的话我将永远铭记。

[旁观]

怀念我的父亲母亲　冯理达

看到陈小滢女士的纪念册上面父母六十多年前的题字，这确是我父母的亲笔留言啊！这也把我的记忆带回到那难忘的岁月。

我的父亲冯玉祥一米八五的身材，天生就有一股子军人模样。他牢记孙中山的革命主张，一生为追求光明、追求民主与科学而奋斗。父亲一生同日本侵略者和国民党反动派进行了坚决的斗争，保持着爱国情怀。

我是一名中国共产党的党员，但是我亲眼见证了国民党革命委员会建立的过程。是我把父亲建议成立民革的信交给从纽约到旧金山来的朱学范伯伯，朱伯伯马上返回香港，将信转给宋庆龄、李济深伯伯和何香凝女士，父亲信中认为蒋介石把国民党糟蹋成这样，成了罪人。蒋介石已经背叛了孙中山先生的三民主义，我们要革命，建议必须改组国民党，建立国民党革命委员会。当时大家的意见一致。1948年1月国民党革命委员会宣告成立，李济深伯伯当选主席，父亲担任政治委员会主席，兼任海外分部的主席。

1928年年初，中国仍处于军阀混战中，蒋介石越来越意识到父亲的举足轻重。当时蒋介石想用北伐扩大国民党的势力，他知道父亲最恨军阀，就跟父亲说："咱们共同打军阀。"父亲一听特别兴奋，说："好，打军阀好！"蒋介石马上接话："那我认你做哥哥。"当时父亲47岁，蒋介石42岁，于是蒋介石就叫我父亲是"大哥"，两人举行了正式的结拜仪式。

在父亲与蒋介石结拜的兰谱上，蒋介石写道："焕章如胞兄（父亲号焕章），安危共仗，甘苦同尝，海枯石烂，死生不渝。"父亲写道："结盟真意，是为主义，碎尸万段，在所不计。"从这个兰谱中可以看出，父亲是为了三民主义与真理才同意结盟的。

1931年，"九一八"事变爆发后，蒋介石一直忙于内战，父亲曾多次向这位拜把兄弟进言而无效。发誓海枯石烂不变心的蒋介石在1945年抗战胜利后，进一步打击、迫害父亲。父亲陷入了特务的严密监视中，每走一步都有人盯梢，甚至连请来的英语教师，都是中统特务。被严密监视的父亲母亲，看到在国内公开反蒋形势困难，以考察水利为名决定申请赴美。1946年，我们全家来到美国。

父亲在美国的日子也是不安的，那是因为他太了解蒋介石了。别看蒋介石跟父亲是拜把子兄弟，但父亲知道蒋什么卑鄙的事情都做得出来。到美国后，父亲看到国内战乱愈演愈烈，他利用自己的影响在美国发表了《告同胞书》，痛斥蒋介石的独裁，呼吁美国杜鲁门政府和人民停止对蒋介石的援助。

蒋介石恼羞成怒，责令父亲提前回国。他不从，被蒋介石开除了国民党党籍，甚至连护照也被吊销。我们一家开始了流亡生活，随时都有可能被暗害或引渡回国。即便如此，父亲依旧四处发表演说，他发现听众经常板着脸，没有什么反应。自从我的未婚夫罗元铮在他的身边协助工作，除照顾父亲的日常生活兼做司机秘书

冯玉祥遗嘱墨迹选

冯玉祥给贤婿罗元铮的留言墨迹选

外，父亲的讲话经过他的翻译，美国听众群情振奋，给予热烈的反响，父亲非常满意这个未来女婿协助他做的一切（其实，在我们初恋的时候，父亲应元铮请求，为华西大学进步学生办的刊物《人民与时代》写报头时，父母就各方面考察了他）。在元铮结束这段工作时，父亲在纽约为他的贤婿写下一封语重心长的信，这是有5点肯定、16点嘱咐的长信。这封长信，在理想与大志、学习与追求、修养与自律、做人处世等诸多方面都给予了我们谆谆的教诲和亲切的嘱咐，让我们这些儿女终生受益。许多观点虽然是60年前的，但是在今天开放的年代对于青年成长也非常有益。比如第15条，父亲写道："美国有长处，亦有很大的短处。我国有缺点，也有特点。冷静去看看自然明白。"父亲爱国、民主，就连我结婚，也选在抗战胜利纪念周年纪念日。父亲民主，在家庭中也民主，为了我的婚事，我们全家在美国开了一个家庭民主会议。父亲说，咱们4个人表决吧，结果都同意，4票通过。抗战胜利的第二个周年，就是60年前的明天（冯教授口述的时间是2007年9月27日——高艳华注），

冯玉祥李德全夫妇在美国

我和恋人罗元铮结婚了。我们结婚时父亲送给我们的那副"民主新伴侣，自由两先锋"的对联，表达了父亲对我们深深的父爱与希望。

不久，父亲看出蒋介石的阴险毒辣，特别是李公朴、闻一多两位爱国民主人士的遇害，就对蒋介石国民党反对派有高度的警惕，也对随时可能出现的人身安全问题有所提防。为此，身体健　康的年仅六十多岁的他就亲笔写下遗嘱。

父亲的遗嘱这样写道："蒋派出的特务很多，他们一定要用种种卑劣手段对付我，因此我把我的遗嘱预先写好，免得我死后人们无办法或是莫名其妙。"

父亲遗嘱中一方面回顾了蒋介石的种种倒行逆施，另一方面积极拥护孙中山的三民主义，支持中国共产党毛泽东先生的政治主张。我万万没有想到父亲的担忧仅在遗嘱写后半年不幸就发生了。

1948年9月1日，在中国共产党的感召下，父亲决定回国参加新政治协商会议，为新中国的建设而工作。我们全家乘坐"胜利号"横渡黑海向敖德萨驶去（船经苏联转回国），在距离目的地只有一

冯玉祥夫妇与女儿冯理达、女婿罗元铮二十世纪四十年代在美国

天的下午两点，船上突发了一场蹊跷的大火。当时我晕船，与爱人在另外一个舱内休息，谁也不知道那火是怎么着起来的。我的两个妹妹正在头等舱听父亲讲故事，舱门开着。最招人喜欢的小妹晓达突然看见外面起烟了，说可能出事了，就跑出去看看，不想，她竟然再也没能回来。晓达在这场火中遇难了，最终留给我们的仅有一片衣襟。

父亲也接着跑向过道，然而，他却万万没有想到，那里正是火源的中心。霎时间，过道里浓烟滚滚，一片漆黑。母亲隐隐听到丈夫的痛苦呻吟声，而浓烟已让她几乎窒息，她返身回到房间，晕倒在沙发上。与此同时，另一间舱里，我和元铮也看到了浓烟，我们从窗口逃出去，然后飞奔过去救父母和妹妹，母亲被救了出来，发现父亲时，他已经昏迷不醒，但是除了鼻孔有些黑，其他没有烧伤的迹象。母亲当时昏迷后醒来，对于一天失去两位亲人的噩梦无法接受，精神近乎崩溃。

我终生遗憾的就是作为学医的我，没能救活父亲。当时父亲身体还有余温，但是周围没有任何急救药物，医务室也早已是大火熊熊。所以，对于火因后来被宣传为"是船上的电影胶片引起的"

说法，我到现在也不相信。试想，电影胶片起火，肯定是小范围，应该能控制。但这次船上的电报房、无线电通讯设备、医务室和驾驶舱都遭失火，后果显然是出现包括比窒息更严重的问题，都无法呼救、无法与外界取得联系。这种轮船海上突然蹊跷失火，而医务室、电报机房和救生设备，却发现首先被莫名其妙地全部毁掉，当时美国和苏联都认为这是一次有预谋的政治谋杀。双方都指责是对方所为，但真正的凶手是谁，也许永远无法知道。确切的死因，仍是历史悬案。[1]

　　我的外祖父是一个从内蒙古跑出来的连姓氏名字都没有的奴隶的后代，连他的李姓都是用他修北运河的劳役挣来的钱买的户口。外祖母身材矮小，又黑又瘦。为逃避八国联军的追逐，她带着几个孩子走湿潮坟地受风湿，双腿站立不起来，几乎瘫痪。不少人劝说我那高大的外祖父休妻，因为老婆患重病不能自理，又生了三个赔钱货（指三个女儿，我的大姨因手术事故早逝，我的三姨后来嫁给佩剑将军张克侠）。外祖父不但没有休掉病重的外祖母，还为她生火炕使之恢复健康后，接连生下了6个儿子。有的在第一次国内革命战争时期就参加了革命，和朱德老总是好朋友，还有的参加了新四军。母亲李德全在1924年与父亲结婚的时候，对于父亲前妻留下的5个哥哥姐姐细心照料，视同己出。她不但支持父亲的事业，还是父亲在艰苦条件下的知己，一生努力为中国妇女解放事业奔波操劳。早在1918年，她听说外国人在巴黎说"中国人不值两毛五"这句侮辱中国人的话，就非常气愤，联络中国女大学生

---

[1] 本文整理完后，看到报刊上转载的冯玉祥儿媳余华心在学苑出版社出版的《传奇将军冯玉祥》介绍，从前苏联当年有一个调查报告证实，那场大火是烈性炸药引起。

——高艳华注

写了标语：中国不值两毛五，全中国四万万五千万中国人，每人值0.0000000005！的大幅标语，摊到美国校长的桌面上表示抗议。"五四"运动中她也组织同学上街演讲，支援被捕的学生。和父亲结婚以后，跟随父亲还到了莫斯科见到列宁夫人等，了解苏联革命的进程，为中国妇女的解放事业探索经验。抗战时期她为组织中国战时儿童保育会也做了大量的组织领导工作。

母亲教育我们一定要掌握一技之长，为立身之本。外祖母的传奇经历，我大姨的不幸死亡（她是因患急性盲肠炎，解放前在教会的医院做手术，因为剪刀留在腹腔内感染身亡）加上二十世纪四十年代母亲在重庆摔伤，到处寻医治疗效果不佳，一位重庆老中医仅用两服药使得母亲神奇康复的经历，这一切，致使母亲支持我学医。我就满足母亲的心愿，圆了她当医生的梦，四十年代报考了齐鲁大学医学院。用医学救国救民本是母亲早年的学业追求，由于协和女子大学学医的学制长与费用高，母亲因为当时经济条件的限制没有实现，在协和女子大学只读了普通科的大学。但是新中国的成立，没有学医的她却成了全国千千万万医生的领导人。

母亲在担任卫生部部长期间，为改善国家的医疗条件做了很多工作。她经常深入贫困地区了解情况，改善落后地区的医疗条件。母亲更以国家利益为第一需要，将唯一的儿子、我的弟弟洪达送到海军部队，献身国防。母亲按照父亲的遗愿，将父亲和自己的全部财产捐给了国家。我永远难忘母亲对我们子女的言传身教，她一生不但襟怀坦白，注重品德修养，助人为乐，勤俭持家，始终保持一个普通劳动者的本色，而且教育我们子女不做少爷小姐，要像父母那样做人。

父亲有28年的日记，这是他留给我们全家最珍贵的遗产。

冯理达和编选者高艳华一同欣赏纪念册

（1949年母亲已经把父亲名下拥有的房地产全部捐赠国家）考虑父亲的日记具有非常重要的历史价值，我们全部捐给了国家档案馆。最终，父母留给我们的，只有两个黑色封面的小本子：一本是父亲的遗书，另一本，是父亲亲笔写给他的爱婿罗元铮（经济学家）的留言，我认为这是父母留给我们的无价之宝。

（冯理达口述，王作勤、高艳华整理）

作者简介：冯理达，1925年出生。全国政协委员，国家级突出贡献的专家。世界医学气功学会主席，中国港澳台侨委员会委员，中国和平统一促进会常务理事，北京中医药大学教授，海军总医院免疫中心主任。2008年初，本书首版出版之际，因为肺纤维化去世。

杨端六、袁昌英夫妇留言

一枝可爱的花得
著日光雨露的
调养自然會變
茂起来
潜孚乾坤見貴玩

三六六之七
四川乐山

Like a poet hidden
In the light of thought
Singing hymns unbidden
Till the world is wrought
To sympathy with hopes and fears it
heeded not.
A Verse from Shelley's sky lark
To My God-daughter, With love
Your God-mother

一枝可爱的花得着日光雨露的调养自然会繁茂起来
滢季干女儿赏玩

　　　　　　　　　端六　三三、六、二七　四川乐山

释文：

好像是一个诗人隐身

在思想的明辉之中，

他昂首而歌，使人世

由冷漠而至感动，

感于他所唱的希望、忧惧和赞颂。

　　　　摘自雪莱《致云雀》

　　　　送给我亲爱的教女

　　　　爱你的教母　　（李跃编译）

杨端六（1885—1966），著名经济学家，武汉大学经济系教授。

袁昌英（1894—1973），现代著名作家，武汉大学外文系教授。

[亲历]

我的干爸干妈

干爸杨端六（六，读陆的音）和干妈袁昌英，当年都是武大著名教授，干爸在经济系，干妈在外文系。在乐山，我们两家来往频繁，我的干爸干妈都喜欢我。小时候我们两家相距不远，联系不断，我和静远姐的生日，两家人经常聚在一起过。我的父母也是干姐的干爸干妈。干爸干妈他们的经历不凡。干妈是最早留学西方的人。从干妈为我写的留言看，在西方，干妈的说法就是所谓的"教母"。大概是天主教堂定的意思。我不信教，所以也不知道为什么这么说。但是从干妈写给我的雪莱的英文诗，可以感受到干妈是一个受西方新思想影响很深的大学外语教授。干妈晚年经历坎坷，很不容易。

以下是我的干姐静远写的回忆我的干爸干妈的文字。

我的父亲杨端六　杨静远

我的父亲杨端六是一位在上世纪前半叶享誉学界的人物，现在似乎已经被历史尘埃淹没而成为专业辞书中一个干瘪的条目。作为女儿我有义务将他的情况做一介绍，但由于我们之间的专业和个性的差异，又由于父亲是一个实干、不喜张扬的人，我只能凭借我的点滴记忆、亲友的热情介绍和武汉大学图书馆的资料，来把父亲还原成为一个立体的人。

早期经历

父亲杨端六（杨冕、杨超，1885—1966）出身于长沙的一个贫寒家庭。我的祖父早丧，祖母艰辛地抚养大六个子女，父亲在兄弟中的排行为二。他在湖南的几所中等学校半工半读后，于1906年自费（后公费）留学日本，就读东京宏文学院、第一高等学院等并学英语。时值辛亥革命前夕，一个满怀革命激情的青年，在日本参加了孙中山、黄兴领导的同盟会。在1911年辛亥革命爆发时，他在上海组织海军陆战队，任秘书，在南京见到了孙中山。1912年年初他以为革命大功告成，回家探母，就在《长沙时报》任记者。同年春与好友周鲠生、皮宗石、李剑农、任凯南等同去汉口法租界创办《民国日报》，任总经理。不久因为宋教仁被刺大声疾呼声讨袁世凯而使报社被查封，几人被捕，在法国巡捕房监狱关押四天，后被释放，逃亡上海。

1913年年初，我父亲等人受黄兴资助赴英伦敦大学入政治经济学院货币银行学，改名杨超（1984年我曾经去该校查找父亲入学资料未果，可能是因为名字的原因）在英国学习7年，期间短期留法、德。

1919年，他参与一批以王世杰为首的留英中国同学去巴黎，协同旅法中国工人，围困中国大使馆，抗议巴黎和会上中方代表签署丧权辱国的"凡尔赛和约"。此举配合了国内轰轰烈烈的"五四"运动。一内一外，对阻止签订"二十一条"是起过作用的。

父亲在英国时不断为国内报刊撰稿，以助学资。1917年，因为在《太平洋》杂志上发表"会计与商业"一文，受到商务印书馆领导人的重视，在他1920年回国前就聘他为《东方杂志》撰述。1921年在他建议和主持下推行新会计制度，获得成功，使"商务"财务扭亏为盈，被誉为"商务"的"金柜子"。据说他是第一个将西方先进企业管理引进中国企业的人。改良会计制度一举，在后来的历次运动中和自我检查中，被批判为"替资本家剥削工人效力"。

1922年至1929年任会计科长，兼《现代评论》主编，又兼吴淞中国公学教员，期间出书数种。我父亲一生与"商务"结下不解之缘，后来他的（以及我母亲的）书几乎全由"商务"出版。1921年，父亲与留学英国5年的母亲袁昌英在上海结婚，证婚人是周鲠生先生，婚后母亲留在北平，在女高师教莎士比亚，父亲回上海继续在"商务"任职，直至1928年母亲留法两年回国后，才带着我到上海与父亲团聚。

父亲自留英时起，就逐渐疏离政治，专心治学。他研究学术极为勤奋。据亲友们说，他独居上海期间，在盛夏赤着上身伏案疾书，桌旁边放一盆冷水。汗流如柱时，就拧一把毛巾擦去汗接着写。1926年9月应杨铨（杨杏佛）邀请参加广州科学会会议。同年冬，杨杏佛介绍他参加国民党。此时他对于政治活动已经兴趣不大。1933年杨杏佛被国民党特务暗杀后，他更是心灰意冷。1928

1943年杨端六、袁昌英与家人亲友留影。

后排左二为本文作者。

年，以蔡元培为院长的中央研究院在上海成立，总干事杨杏佛聘请父亲为社科研究所代所长、经济组主任。另两位所长是李四光和傅斯年。这一年，他与侯厚培等合作编著了《六十五年来中国国际贸易统计》一书，1931年出版。后因患白喉重症，辞职养病。1930年到了武汉大学。

与毛泽东的关系

在我印象中，这是父亲生平中最扑朔迷离的一个方面。不仅因为史料匮乏，也因为他自己从来不提。经过多年的查考，情况大致是这样的。

1920年10月，也就是他五月回国后在"商务"任职期间，北大"讲学社"与上海公学联合组织罗素、杜威来华讲学团。罗素的陪同及翻译由杨端六和赵元任及另一人担任。父亲在1920年10月陪罗素到长沙后，为罗素做过一次翻译，自己做过三次演讲，看来是对罗素有研究的。在他的著作中有一本与张闻天合编的《罗素论文集》（二册，商务印书馆1930年版）。但他是怎样和毛泽东接上关系的，查找旧信，意外地发现我姑母杨润余的两封信和一篇报道《杨润余——最后去世的一名新民学会女会员》。原来，毛泽东当时在长沙创办中国第一个革命青年团体"新民学会"会员66人中有16位女性，包括蔡畅、向警予，年龄最小的就是父亲杨端六的小妹妹杨润余。通过她的介绍，父亲结识了毛泽东。罗素离长沙北上后，毛泽东请父亲在第一师范演讲，由毛本人做记录，发表在他任特约记者的长沙《大公报》上。这就是"杨端六讲，毛泽东记"一文的由来。1921年，姑母杨润余去上海就读中国公学，住在我家，考上李石曾、吴稚晖用退还"庚款"在法国里昂办的免费中法大学。这年毛泽东适在上海参加中共第一次代表大会，曾到闸北北四川路四达里我家去看望杨润余，并亲自把这批留法学生送上波尔多斯号海轮。这次会见是否见过父亲，不得而知。

姑母杨润余在1985年9月19日的信中提到，中共长沙党史办向她了解，杨端六是否毛泽东的"好友"，她答并无所知。问题的提出可能与毛泽东的一封信有关。1936年，毛泽东从延安致书南京中研院院长蔡元培，问及一些"党国故人、学术师友、社会旧朋"，名单中有杨端六（《毛泽东书信选集》第68页）。与毛泽东称得上"好友"的可能是我的外祖父袁家普（袁雪安），这里不谈。

据武汉亲友说起，新中国成立初年，毛泽东曾经致函武大（或者父亲本人）请他来北京工作，父亲婉辞（当时的武大校长父亲的挚友周鲠生即应邀赴京），固守武大，直至1966年9月"文革"中病逝。

与蒋介石的关系

我父亲虽然一心想避开政界，却都没有躲过。他1930年在武汉大学任经济系教授，曾任法学院院长、教务长，短期兼图书馆长。他在专业领域已声名卓著。1933年4月，蒋介石慕名请他为他个人讲经济学两次，这使他后来得了个"蒋介石的老师"的恶名。随后，蒋又任命他为新成立的军事委员会第三厅（审计厅）厅长。我父亲不敢违抗，便提出三个条件：不离学校，不离讲台，不穿军服。蒋一一允诺。父亲只得在此后的四年中每年寒暑假去南京上任，成为国民党军中唯一一个不穿军服的"上将"。1937年夏抗战爆发，他趁机提出解散审计厅的建议获准，从此甩掉了这个包袱。抗战期间，蒋介石还不肯放过他，几次让他去重庆做官，他以侍奉老母为由婉辞，蒋也就不再纠缠。1938年至1947年，作为国民参政会参政员去重庆开过几次会，很少发言和提案。1945年，在本人不知情的情况下当选为国民党六届中央执行委员。纵观他的一生，从热情投身民主革命到不满国民党政权，视政途为畏途，却难以脱身，实在苦不堪言。他的生活追求是"只做事，不做官"，却又做不到。他常叹道："人怕出名猪怕肥（壮）"，表白了他无奈的心迹。如同遗传基因，他的这个信条传给下一代。我弟弟杨弘远虽然在学术上达到了中科院院士的荣誉，但始终不与"长"字沾边。

武大岁月

父亲一生的两大贡献，一是在经济学特别是货币银行金融财会方面的开拓性研究论述，一是在教坛上呕心沥血默默耕耘，培养出一代又一代财经界杰出人才。他教过的学生无不终生感戴，尊崇他为"我国现代货币金融学的奠基人之一"。他著书约15部，撰文约180篇。我无法一一列举。仅就我所知略举一二。

货币与银行是他研究的重中之重，早在三十年代就出版过一本书。抗战期间，他重写该书。1939年8月19日敌机狂炸乐山，我家和周鲠生、刘秉麟三家合住的院子遭燃烧夷为平地。几家人仓皇逃命时，我父亲救出的唯一财物是一包《货币与银行》原稿。1941年由重庆商务印书馆出版，以后多次重印，成为武大和其他一些大学经济系的必读教科书。在家，他不是一个溺爱孩子的父亲，但对学生，却像慈父一样关爱有加，倾其所有地传授知识，耐心地解答一切问题，并利用自己的社会关系为毕业生谋职。1944年他60周岁时，毕业同学和各界人士约二百人发起祝寿捐款约四万元，用以设立"端六奖学金"。五十年代初，见到党和政府短期内遏制了旧政府留下的恶性通货膨胀，国民经济迅速复苏，他这个搞经济的五体投地。他曾任中南军政委员会财经委员会委员，并加入"民革"。年过七旬，应三联书店约编著了《清代货币金融史稿》于1962年出版，1977年由香港广角镜出版社重印。

我父亲为人做事极端认真负责，一丝不苟。他在武大的又一件鲜为人知的业绩，是1938年他主持"迁校委员会"，将全部图书仪器一一装箱，溯长江，过三峡，运到重庆后改由木船运载。溯岷江抵乐山，再雇人肩挑车载，安放在武大校本部所在的文庙，整齐上架。整个抗战八年，全校师生没有因为无书可读而苦。1946年返校时，又是他负责将这批珍贵文献毫发无损，运回珞珈山。却不料，后来竟有人诬陷他贪污了复校经费。父亲一生廉洁，公私分明，最恨贪污腐败，这个不白之冤对他的打击之大可以想见。

处世哲学方面，我父亲尊崇儒家中庸思想。从十岁起就教我读《四书》、《史记》，母亲则教我读唐诗、宋词、《古文观止》。他最景仰的古人是诸葛亮，父亲还奉诸葛亮的"鞠躬尽瘁"为座右铭。我的名字就是取自孔明的"非淡泊无以明志，非宁静无以致远"。生活中，他崇尚简朴，唯一的爱好是园艺，只要有条件，就栽花种菜不止，当得上是绿色环保意识的信仰和实践者。

父亲对于我的影响，只是从我大学期间的日记中可以捕捉到，他劝过我，希望我不要沾上政治，政治就像恋爱一样，一旦陷进去就不能自拔。但那时候年轻的我怎么会听得进去？而且还为此闹过家庭矛盾。我说："我不想搞政治运动，但我想了解中国革命，那么不要阻拦我。"我与父亲走的完全是两条路，他是个很古板的人，他的经济学我一窍不通，丝毫没有兴趣。我是个浪漫派。虽然他对我很好，但他看不惯我。

我的母亲袁昌英　杨静远

　　母亲袁昌英，字兰子、兰紫，1894年生于湖南醴陵农村的一个乡绅家庭。外祖父袁家普（雪安）是一位思想先进的饱学之士，民国官员。他对女儿的教育极为重视。幼时让母亲在家乡读私塾，打下了深厚的中国古典文学基础。少时由外祖父送到长沙、上海读书，1916年毕业于上海中西女塾。外祖父自费送她到英国留学，一去五年。先就读于伦敦Blackheath中学，1918—1921年就读于苏格兰爱丁堡大学，为该校攻读英国与欧洲文学的第一位中国妇女，主修古典与近代戏剧。1921年7月以论莎士比亚名剧《哈姆雷特》的论文获文学硕士学位。因她是中国妇女在英国获文学硕士的第一人，当时路透社特为此发了消息，国内各大报刊随即登出，但误将姓名译为"张英女士"。

　　此时，她已开始写文章寄回国内发表。现仅发现的一篇写于1920年的《论女子留学的必要》，响彻了"五四"运动时代倡导妇女解放的呼声。

　　在英国期间，经其父介绍，与在英国攻读经济学的杨端六相识并订婚。1921年回国结婚时，父亲杨端六年三十六，母亲袁昌英年二十六，两人都为学业而晚婚，这在当时是不多见的。

　　1922—1924年，母亲在北平女子高等师范任教，教英国文学，主要讲莎士比亚，是我国第一位研究和介绍莎剧的女学者。1926年，她远离丈夫和三岁的女儿，只身赴法国入巴黎大学为研究生，进修法文和法国文学。在法国两年中，她继续为国内报刊撰写散文、随笔和文学评论。她还热情地关怀我国的一些勤工俭学学生，在生活上和学习上给予照顾，如帮助找工作、介绍法语教师等。

　　1928年回国后，她在上海中国公学任教，讲莎士比亚和英文散

文。同时写了大量散文、小说、论文，主要是剧本。她写了古代题材的多幕剧《孔雀东南飞》，现代题材的独幕剧《活诗人》、《究竟谁是扫帚星》、《人之道》、《结婚前的一吻》等，多涉及妇女及恋爱婚姻问题，歌颂纯真善良，鞭笞自私丑恶。这些剧本后合为一集出版（《〈孔雀东南飞〉及其他独幕剧》，商务版1930年）。她写的游记《游新都后的感想》、《再游新都的感想》，文情并茂，被收入中学语文课本。她还写过一本介绍法国文学的书《法兰西文学》（商务版1929年），翻译过法国现代剧作家让·雅克·贝尔纳的两个剧本《玛婷·痛苦的灵魂》（商务版1931年），并撰写了《西洋音乐史》。

1929年，母亲受聘为新创建的武汉大学的首批教授来武汉，任外文系教授，从此开始了如日中天、成果卓著的战前八年。她不遗余力地向青年学子介绍西方文化的精粹，教书育人的热情极高，恨不能把自己"扎扎实实填下的一肚子学问"统统掏给学生。不像有的大学教授多年只教一两门课，年年重复同样的教材，她不断开新课，不断更新老课的内容，总是忙着备课，阅读大量新资料，编写讲义。她在武大教过的课，除莎士比亚，还有现代欧美戏剧、希腊悲剧、希腊神话、法文、英文散文、中英翻译等。教课之余，继续从事写作，这期间写的论文、散文、随笔，自选为文集《山居散墨》（商务版1937年）。其中论文有《文学的使命》、《论戏剧创作》、《莎士比亚的幽默》、《歇洛克》、《墨特林的静默论》、《短篇小说家契诃夫》、《妥玛斯·哈代》、《易卜生的野鸭》、《皮兰德罗》、《法国近十年来的戏剧新运动》、《读王独清君〈诗人缪塞之爱的生活〉》、《庄士皇帝与赵阎王》等。论及莎士比亚的就有两篇。

1933年，在相隔十年之后，她生了弟弟杨弘远（现武大教授，中科院院士）。她在校内和全国广交文友，过从最密的有苏雪林、凌叔华。由于她们三位都是珞珈山上的知名女作家，人称"珞珈三杰"。

1937—1945年抗日战争的八年，是母亲事业的又一高峰期。1938年初，她和全家随武汉大学西迁至四川。在那以大佛闻名于世的美丽的川西小城乐山，宁静的日子仅过了一年，大灾难就从天而降。1939年8月19日，敌机狂轰滥炸了毫无设防的乐山城，在炸弹的肆虐下，全城精华付之一炬。我家的住宅被夷为平地，全家财物荡然无存。随后国统区物价飞涨，教职员生活日益困苦。不少人无心教学，或兼职，或另觅门路挣钱糊口。母亲虽身经大难，但对教学的热忱丝毫未减。她教外文系三四年级合班的莎士比亚和近代欧美戏剧，还教法语。跟她学过三年法语的学生，日后就能自由地阅读和应用。为了加深学生对莎剧的理解和体会，也为了扩大莎剧在全校的影响，她辅导高年级学生用原文演莎剧，记得演出过《皆大欢喜》。学生剧社演出王尔德名剧《莎乐美》，也请她做文学指

袁昌英致罗家伦的信

　　袁昌英的照片留存很少，是因为在她故去的时候，远房亲戚在杨静远到达醴陵前已经将她母亲的后事办完，所有的信也做了入土与其他处理。以后的一些照片是杨静远在"文革"后陆续搜集来的。袁昌英的墨迹则更是难以找到。本信是远在美国的罗家伦后代历史学者罗久芳女士精心保存的，2006年他们双方经过我的介绍延续了上一代的友谊，罗久芳将这封保存了半个多世纪的袁昌英给罗家伦的信先请她的好友实秋幼女梁文蔷教授（我与久芳的结识，是她介绍的）扫描传给我，让我先睹为快。我很惊讶，六十多年前的信保存得这样好。不久罗久芳将原件寄到北京。静远兴奋地来信对我说道："我的母亲几乎所有的墨迹都毁于'文革'，我只存有一张她的字条，我原以为仅有这唯一的小条陪伴我，让母亲的余温伴我终生。但是我没有想到的是，热情的罗久芳女士，将我母亲当年给她父亲的信三页，原件挂号寄给我，看着这封保存完好的母亲当年用美观信纸写给罗校长的信，我的心情真是无法形容……"但是为了文化传承，杨静远女士去年将此信原件捐献给上海图书馆收藏。

—— 高艳华注

导和顾问。教学之余，她仍笔耕不辍。这时期她写的文章已不同于二三十年代那种热烈奔放、挥斥激扬，而是增添了富于人生阅历的睿智、忧思和哲理，如《生死》、《行年四十》、《漫谈友谊》、《爱美》、《成都灌县青城山游记》、《关于莎乐美》等。这些文章结集为《行年四十》（商务版1945年）。她还写了一本专著《法国文学》（商务版1944年），一部多幕抗战剧本《饮马长城窟》（正中1947年）。正如随笔《忙》中所述，纵然为师为妻为母，柴米油盐家务缠身，她仍在文学的园地奋斗不止，精力旺盛有如一团不熄的火。

五十年代初，武大外文系撤销，母亲转到中文系教外国文学。她真心实意进行思想改造，学俄语，热情地参加各种政治活动，将毛泽东诗词译成英文。她加入了中国民主同盟，当选为湖北省政协委员。她出席过三次武汉市文代会，当选为武汉市文联执行委员，于1956年加入中国作家协会。这期间法国巴黎大学曾通过香港邀请她去讲学，被她婉辞。1957—1958年她受到不公正待遇，被错划错判，离开了她热爱的教学工作。"文革"中进一步遭受迫害，作为"五类分子"被遣送回湖南农村，仅靠我每月汇寄的二十元维持生活。就是在这样无望的境况下，她仍怀着天真的幻想，要为祖国的文化事业尽心尽力，重译莎士比亚戏剧。她带下乡去的少数财物中，就有一套1911年版的《莎士比亚全集》，篇页中至今留有她用铅笔做的标记和解释。1973年4月，她病逝于醴陵乡间，年七十八岁。

1979年，在母亲去世后六年，她的错案终于得到纠正。袁昌英这个被社会遗忘了二十多年的名字，重新被发现和认识。1981年《新文学史料》第四期刊出了《作家、学者袁昌英》一文（作者李杨），第一次对母亲的生平和建树给予了全面中肯的评价。她的著作在海内外重新出版，计有《袁昌英作品选》（湖南人民出版社1985年，李杨编）、《〈孔雀东南飞〉及其他独幕剧》（台湾商务1983年）、《袁昌英文选》（台湾洪范1986年，苏雪林编）、《袁昌英散文选集》（百花文艺出版社1991年，王之平编，2004年重版）、《山居散墨》（《中国现代小品经典》书系之一，河北教育出版社1994年）。她的散文风格特色也成了青年学者研究的专题。

母亲文如其人，一身正气，对国家、民族、社会、青年，怀着强烈的爱心和高度的责任感。她在传授知识的同时，以人格、品德教诲青年一代。据她的一位四十年代的学生、上海外语学院章振邦教授回忆："袁先生常对我们说，值此世风日下之际，我们每个人都要严以律己，为国家保留一点操守和气节，我认为袁先生生前就是这样的人。她的教诲，至今还在对我起着教育作用。"母亲是一位爱国者，火一般的爱国心表现在许多方面，她曾用英文写过一本《中国的爱国诗人》，向国外介绍屈原、岳飞、文天祥、辛弃疾等。而她关于文艺的社会使命的思想，可以概括为她的一篇序言中的话："实地研究我国下层社会的悲苦或慰安的情形，来多创造维新的戏剧，有生命的戏剧，因之可以影响及于改良社会，改良生活。"

赵元任、赵杨步伟夫妇留言

有一天鳥兒裏那些活濟濟的猻子
在衛邊兒儘著那麼跌跌那座玉兒
好難吧兒呀那些膀豬狗兒子
還有寰兒的貓兒子憴得梵兒.

赵元任 三五.十.七

'twas brillig, and the
            slithy toves
Did gyre and gimble
            in the wabe
All mimsy were the
            borogoves—
And the mome raths
            outgrabe.

讀好書
說好話
做好人
行好事

赵杨步伟

■ 赵元任在小滢纪念册上的留言

■ 读好书，说好话，做好人，行好事。
   赵杨步伟

■ 赵元任（1892—1982），江苏常州府阳湖县人。清华大学四大国
   学导师之一，1910年7月以"榜眼"考上清华留美公费生。

■ 赵杨步伟（1889—1981），原名兰仙，学名韵卿，安徽池州人，
   医务工作者，后从事教育。

有关赵伯伯与赵伯母的回忆

我与赵伯伯和赵伯母很熟悉，赵伯伯虽然是清华大学四大国学导师之一，但是博学的他没有一点儿架子。赵伯伯的这个留言是1946年秋天在纽约为还是小女孩的我写的，选自英国名作家路易斯·卡洛尔写的《走到镜子里》一段特别怪的自己创作的英文诗，有许多英文字典里没有的字，赵伯伯把它翻译成了特别怪的中文诗，自己又创作了中文里没有的字，加上了注音符号在怪字旁边。赵伯伯曾经翻译过《艾丽丝漫游奇境记》和《走到镜子里》，两本为儿童写的书。赵伯伯的这个题字，有别人所没有的特点。所以他的女儿名字"len Sei"（父亲给三妹起的名字为Lensey——赵新那注）就没有中文字，只有拼音！赵伯伯就是这样的怪人！

赵伯母是一个爱丈夫、照顾丈夫无微不至的人，但是对孩子

赵元任夫妇、陈西滢夫妇与罗素夫妇二十世纪六十年代在英国合影

照顾不细致，就是她最后一次生病（癌症）需要住院医治，临出门前，还在嘱咐着赵伯伯的衣食住行。她的孩子们对于母亲的感情远不如对父亲的感情深厚。赵伯母对我特别好，还教我怎样做中国菜呢。

赵伯母不仅是赵伯伯生活的贤内助，而且是事业上的好帮手。比如，赵伯伯讲学，赵伯母就坐在下面，有时候还经常递小纸条提醒。我爱人老秦还亲眼看到过。那时老秦在伦敦大学亚非学院教书，赵伯伯从美国来英国，在伦敦大学做报告，赵伯母坐在前排，不时递小条子给赵伯伯，提醒他要加一些内容等等。大家都觉得很好玩儿。赵伯母是一位很能干而且很保护她丈夫的人。有不少人怕她，不喜欢她，但是我特别喜欢她，因为她真诚，虽然嗓门儿大，人是很可爱的。赵伯伯很尊敬她。有一次他和我说，他们家分两派，一派是凶派，一派是蔫派。赵伯母是凶派的头头，赵伯伯是蔫派的头头！

赵伯母是一个好人，她不仅对丈夫，对家人、对朋友都是有一股子热情。她的留言就鲜明地概括了她的人品与追求，"读好书，说好话，做好人，行好事"，更应该是每一个好人都应该践行的。如果我们每个人一生都是在这样地度过，我们的世界将是多么美好。

我想把新那姐姐写赵伯伯和赵伯母丰富经历的文字介绍给读者，以便读者更全面地了解他们。

赵元任先生

[旁观]

我的父亲赵元任[1]　　赵新那

父亲和清华

父亲和清华的关系是非常密切的。1910年他被录取为清华第二届公费留美，在被录取的72名中名列第二。1920年留学回国前邀请他的地方很多，但他选择到清华学校任教，但在清华时间并不很长就被借走给英国著名哲学家罗素做翻译。1925—1929年父亲和梁启超、王国维、陈寅恪被聘为清华国学研究院四大导师，他又回到清华，住在老南院一号。父亲当时只有33岁，是四大导师中最年轻的一位。他讲授中国音韵学、中国方言等课程并指导学生从事研究。王力就是他那时指导的学生之一。王力牢记导师对他论文的批

---

[1] 本节的两文是作者几年前的写作，经北京出版社的授权编入本书。本书引用时做了一些篇目调整和题目的变化。作者赵新那先生2007年在电话中对我说，她最怀念父亲，父亲最爱孩子，也最关心孩子。赵教授还说："我父亲当初为我起名叫新那，父亲说'新那就是新中国'，许多人经常把我的名字错写为'新娜'，我总要纠正。还真是，就我这个叫'新那'的女儿在中国几乎生活了一辈子，其他姐妹三人早已旅居国外。"

——高艳华注

1906年在溪山小学的赵元任（右二）与
同学留影

语，他说导师"用铅笔小字作眉批，专找我的毛病，其中最严厉的
一句批评的话，就是'言有易，言无难'。这六个字后来成为我的
座右铭"。王力后来成为中国著名的语言学家。1932—1933年，父
亲虽然已经转到中央研究院历史语言研究所任研究员（仍然在清华
兼课），又被清华大学借去接替梅贻琦先生担任清华留美监督处主
任的职务，完成监督处结尾的一年半的工作，梅先生则回国接任清
华校长。1938年以后父亲侨居国外四十余年，他也从来没有忘记清
华。清华校友聚会少不了他，并且他总要唱清华校歌"西山苍苍，
东海茫茫……"和"叫我如何不想他"，这充分表露出他对清华的
怀念。1973年、1981年他晚年两次回国，我陪伴他回到清华大学。
他看到了清华的巨大变化，也没有忘记到工字厅、大礼堂和老南
院，一个一个地方慢慢地看并照相留念，回顾他在清华的岁月。

童年和少年时代

父亲出生在天津，三代同堂，童年跟着他祖父在北方度过。
祖父做官，家庭生活比较优越，他在家念私塾。9岁他祖父去世，
全家人回到了老家江苏常州。父亲在家乡度过了他的少年，先读私

塾，后来进了"洋学堂"溪山小学，接受新式教育。父亲12岁那年，他父母在同一年先后去世，父亲到苏州他大姨妈家暂住一年，又回到常州由伯母照管。15岁第一次离家到南京江南高等学校预科（相当于高中）读书。1910年，未满18岁考取清华公费留学，远离家乡到国外求学。

父亲自幼就表现出对周围事物非常关注敏感。比如他喜爱观察自然现象，他观察仔细，好提问题，善于思考。父亲曾说他清楚地记得第一次碰到月全食的情景。当时人们迷信，按那时候的规矩，大家拿着锅呀，桶子呀，乒呤乒啷地打，似乎这样一来天狗吓得会把月亮再吐出来。当官的穿起袍褂恭恭敬敬地行礼。父亲当时年仅六岁，他的兴趣却是观看月亮好像月牙儿似的，但又跟平常看的月牙儿不一样。他看见月牙儿越来越小，觉得最后应该是变得没有了。但是出乎自己的意料，月亮并不是变得没有了，反倒变成了一个红红大圆的东西。他很想知道为什么是这样，但是那个时候没有人能告诉他。父亲说过他对天上的东西总是喜欢看，也喜欢问个道理。对天文的兴趣成了他一生的嗜好。他后来上大学选修天文学课程，考试成绩获得一百分。他曾在读书的年代花了很大的工夫撰写《中西星名考》和《中西星名图考》，刊登在《科学》杂志上。1933年和1954年父亲为了看日全食，他开着汽车拼命地奔跑，寻找能观察日食最好的位置。我还记得1933年父亲带着我们全家观看日全食的情景。

除自然现象，父亲还注意到周围接触的多种不同的方言，对这些他产生了浓厚的兴趣。他留神听各种不同的口音，并跟着学。家是原籍江苏常州，但是住在北方得说"官话"，所以父亲最早听的是带常州口音的官话，自己说的也就成了一种不很纯粹的京音。他

1911年赵元任用家里买的一
架旧钢琴与同学一起演奏。
中为赵元任

天生有副好耳朵，能够分辨声音的极小差别，他还有一副最会模仿
的发声器官，什么声音一学就会。父亲从带他的周妈学会说保定方
言。为了跟表弟一起玩耍，他跟表弟学会了说常熟话。父亲跟家乡
请来的陆老师学会用常州话念书，后来到苏州又学会说苏州话。父
亲年龄还没满十二岁就已经会说北京、保定、常熟、常州、苏州多
种方言，并牢牢记住。不仅如此，在苏州他还跟表哥学会用反切说
话，使得不懂反切的人听不懂他说的话，后来进一步学用倒转反切
说话，这样熟悉反切说话的人也不容易识破听懂。学习不同的方言
似乎是父亲的兴趣、生活的乐趣，这种乐趣成了他一生的事业。我
还记得曾问过父亲，为什么研究语言，他回答："好玩儿。"

父亲求知的愿望很强，他不知疲倦地学习，而且兴趣非常广，
他什么事都喜欢打破沙锅问到底。这也许跟童年读私塾时陆老师
教书方法有关。父亲说陆老师虽然非常严厉，但是反对读书不求
甚解，老师经常讲解课文生字，父亲4岁开始由母亲用方字块教他
识字，6岁进私塾，那时白天读四书五经，晚上还听他母亲教吟唐
诗。进溪山小学"洋学堂"以后，与读私塾完全不同了。在学校课
堂里学习国文、数学、英文、历史、体操等很多种课程。除此而

外，父亲如饥似渴地进行大量的课外阅读。他跟同学组织了一个"青年集益社"，并且购买书籍建立一个图书室供社员借阅。他自己借阅的读物，有翻译的外国小说如《鲁滨孙漂流记》，有梁启超主办的《新民丛报》，还借阅过《儿童心理学》、《教育歌曲》、《音乐教科书》等。可见他兴趣广，且看出他对音乐有浓厚兴趣。他大姨妈也曾托他借《福尔摩斯侦探案》和《汤姆大叔的小屋》等书阅读。他业余时间还创办了《课余》杂志，自己主编科学部分。由此可见父亲不仅兴趣那么广，而且活动精力又是何等充沛。父亲曾经说过自己对新鲜事物总是感兴趣。父亲考入江南高等学堂预科后，尽管课程比小学高深，仍然坚持进行大量的课外阅读。他买了一本《马氏文通》，是马建忠撰写的中文文法书，父亲说该书完全比照西方语文的文法，读起来很感兴趣（他后来到美国耶鲁大学研究院任教时曾将《马氏文通》作教学内容）。他向美国老师卡佛尔（Carver）借阅世界名著，他读《富兰克林自传》后决心做一个完人。他读了《世界通史》后被书中倡议的"世界国"所吸引，说要做一个世界公民。

父亲从小还表露出对科学事物的兴趣，喜爱探索，喜欢动手试验。在他仅六七岁的时候，曾经有人送他一个三寸放大镜，他竟能完全靠自己琢磨而发现放大、倒影、阳光下聚焦取火的几种功能。入学后，在生物课上曾看过死狗解剖，留下深刻印象。他试用透镜自装望远镜和显微镜，用盐和冰块儿混合达到零下二十度等等。

父亲童年、少年时代开始流露出对一切新鲜事物的敏感。对求知的迫切，探索和追求新事物的强烈性格，奠定了他创新的一生。

留学十年

曾有人采访我父亲怎么会想到去美国留学，他回答说：一方面受他第一位美国老师（江南高等学堂英文教师Carver）的影响，另一方面自己喜爱科学也是一个原因。他认为出国学习能更好地学科学。父亲考取清华庚款公费留美，本来大学学习四年毕业，他说自己极喜欢美国生活，竟一连住了十年。

1910年7月，父亲参加清华庚款赴美留学考试，头天考国文和英文，他两门均合格，获得准许继续考的机会。五天后参加代数、平面几何、希腊历史、罗马历史、德文、物理学、植物学、动物学、生理学、化学、三角、立体几何、英国史、世界地理和拉丁文这样多科目的考试，父亲以总分七十三又五分之二被录取，在被录取的72人中名列第二。这也许与他在校什么课都学（中学选修德语）、课外广泛阅读有关。

当年录取后，8月整装出国。父亲剪掉辫子，换穿西装，由游美学务处胡敦复等三人监护，乘10200吨"支那号"海轮第一次到美国。父亲在旅途中经过胡敦复的指点和帮助，明白了工科跟理科的差别和关系，从而放弃原来打算学工科的想法，决定学理科。父亲进入康奈尔大学（Cornel University），主修数学，同时选物理课和实验课之多也足够算主修物理了。父亲大学四年学习成绩突出，数学得过两个一百分，一个九十九分，天文学得一百分。他1913年、1914年先后被选为两个荣誉学会会员，获得两把金钥匙。1914年父亲毕业时，总分全校第一。若干年后父亲听说他仍然保持康奈尔大学历史上平均成绩最高的纪录。

父亲在大学读书时选修的课程领域很广泛。就拿二年级的课程说，他选修了现代哲学发展史、逻辑学和形而上学课堂讨论、仪器的设计与制备、实验物理的近代发展、力学与热力学、有限群理论、系统心理学、语音学等。他曾对人说自己在大学时，并没有打算什么都学，只是觉得不能集中学习少数几种科目。他在大学几年选修的课程从哲学、心理学、语音学到音乐（和声学、对位学、作曲）等课程。他学一样，钻研一样，并没有因为是选修课而马虎。他在学校选修德语课，课外又通过函授学习法语。

他的广泛兴趣还表现在课外参加的多种活动上。如音乐会、体育锻炼和竞赛（他曾在大学三年级时的运动会上获得一英里竞走冠军）、世界语聚会等等。父亲一贯坚持课外大量阅读，如在大学期间除去选修哲学课程外，还阅读了大量罗素和杜威的哲学著作，以至于攻读哲学博士学位时，课程都已学完。父亲还阅读文学作品，他完全被英国著作家Lewis Carroll两本儿童奇境记著作所吸引，回国后出色地将这两本书翻译成中文。摄影更是父亲的爱好，他在摄影技术方面并不高明，而主要是记录生活。他保存下来的数千张自己拍摄的照相记录了他的一生，记录了他的时代。有好多生活照片是非常有趣味的。父亲兴趣之广泛，精力之充沛，真令人敬佩。

父亲1918年在哈佛大学获得哲学博士学位，1919年应聘返回母校任物理讲师。父亲留学美国一连十年，学习及活动相当紧张，但他心底里始终忘不了自己的故乡。早在出国前，父亲大概13岁的时候，日记中曾记载自己世界观的改变。他开始以现代的甚至革命的看法看事物，认为清朝当然不久覆亡，期待着革命的到来。父亲到美国的第二年听到了辛亥革命的成功消息，中国同学都为此异常兴奋。远在国外学习的中国留学生归根结底想的是改革和社会进步，从父亲两件事可以看出他的心情。第一，他是中国科学社创始人之

1914年夏，中国科学社同仁合影。前排左三任鸿隽、右三赵元任。

一；第二，他深入系统地考虑中国语言的研究和改革问题。

　　1914年6月父亲跟康奈尔大学中国留学生任鸿隽、杨杏佛、竺可桢、胡明复、邹秉文、邹秉志等十多人在任鸿隽的宿舍里进行热烈而严肃的议论，准备成立中国科学社，并出版月刊杂志。他们创办了中国最早的综合性科学学术刊物《科学》，1915年在上海正式出版发行第一卷第一期。"中国科学社"在同年正式成立，其宗旨是：联络同志，研究学术，以共图中国科学之发达。父亲和任鸿隽等五人被选为中国科学社第一届董事会董事，任鸿隽被推选为董事长和社长，父亲为书记。他们为集资办刊物省吃俭用。父亲在一段时间内，午餐只喝汤与吃苹果馅饼，以至于营养不良而病倒。为出版第一卷第一期《科学》，父亲业余投入大量精力，他撰写文章（《心理学与物质科学之区别》）、科学小品，翻译文章和新闻，谱写歌曲等。杨杏佛当时是刊物的编辑部长，常向我父亲索取稿件，曾附以打油诗："寄语赵夫子，《科学》要文章"。父亲在寄稿件时也以打油诗回赠："文章已寄上，夫子不敢当，才完又要作，忙似阎罗王。"

1915—1916年间，父亲日记中多处记载自己考虑学成回国做什么，考虑自己最适合做什么，并且时常和同学议论中国语言的问题。他说自己也许适合研究中国语言问题（1915年3月日记），又想到自己一生的工作也许是国际语言、中国语言、中国音乐和认识论（1915年5月）。1916年元月日记又记载："我大概是个生来的语言学家、数学家或音乐家"。2月日记中再度表示自己"索性做一个语言学家比任何其他都好"。

留学期间父亲与胡适——他的同学和终生好友，时常在一起讨论中国文字改革问题。1916年美国东部中国留学生同学会新成立一个"文学科学研究部"，胡适是文学股的委员，与我父亲商量把"中国文字的问题"作为年会文学股的论题。胡适说他写"如何可使吾国文言易于教学"，要我父亲写"吾国文字能否采用字母制，及其进行方法"。父亲非常认真地做准备，他在撰写文章过程中，从中国的文字问题、中国音韵学写到改革方案，越写越多，远远超出原来计划的内容，最后不得不分成三篇文章，加上胡适的一篇，组成"中国的语言问题"（The Problem of the Chinese Language）一系列文章刊登在《中国留美学生月报》上。

那时父亲才二十四岁，大学主修的是数学，他正在研究生院学习哲学，准备博士学位，怎么转到语言问题上呢？改行了吗？没有。父亲早已对语言问题有兴趣，他学贯中西，且文理哲融合一起，知识又广又深，所以在事业中能创新，能做出很大的成绩。父亲的一生是一个用现代的方法历史地科学地研究中国语言的典范，也是创新的典范。

回国投入语言文字研究与改革

父亲1920年留学回国到1938年侨居国外，这段时间正如他自己说的："一方面要科学地历史地研究中国的语言问题，一方面要改革中国的语言。"

他回国后在清华学校任教，给英国著名哲学家罗素做过翻译，在清华国学研究院从事教学培养人才和进行研究工作，到中央研究院主持历史语言研究所语言组的工作。中间曾两度出国（1921—1925，1932—1933），到过美国、英国、法国、德国和瑞典师从专家，学习西方语言和语音学，参观语音实验室且进行实验。

1920年9月的一个晚上，父亲到老同学胡适家喝茶，他第一次会见了"国语研究会"的汪怡、钱玄同和黎锦熙等先生，一见如故。他们广泛深入热情地讨论中国语言问题，父亲印象非常深刻，钦佩这些学者们所做的研究工作。父亲发现他们有些想法竟与自己几年前的想法不谋而合，不到一个星期父亲就被选入教育部国语统一筹备会，父亲很快地投身于国语运动。父亲回顾当年，说自己曾在国语运动方面很活跃。

首先他致力于推行国语统一的工作（推行普通话）。1922年出版他编著的《国语留声片课本》和灌制的国语唱片。当时是根据"国音统一会"1913年通过的人工国音，所谓的"老国音"录制的，父亲被公认为世界上唯一能用这种语言发音的人，显然无法推广。1935年出版《新国语留声片课本》及灌制唱片采用的是《国音常用字典》的标准音，以北京语音为标准。三十年代随着广播事业的发展，父亲又充分利用广播方式推广国语。我还记得当年父亲带姐姐和我到广播电台唱注音符号歌协助他推广国语，他一贯注重利用科学上的新发展，同时父亲总喜欢让孩子们多见识新的东西，这也是他教育子女的方法。

在拉丁化新文字运动中，父亲热衷于创制国语罗马字拼音方案的工作。早在1916年他在《中国语言的问题》第四篇"改革方案"就提出文字拉丁化问题和自己的方案，并与反对者进行辩论，阐明自己的论点。回国后，父亲和"数人会"的刘半农（数人会的创始人）、黎锦熙、钱玄同、汪怡、林语堂等人共同研究，拟定了国语罗马字拼音方案。在蔡元培的影响和努力下终于在1928年9月26日由当时的政权机关正式公布。父亲的心情是多么激动呀，他在日记中用国语罗马字写下了他的激情：

G.R.yi yu jeou yueh 26 ryh gong buhle.Hooray!!!

（国语罗马字已于９月２６日公布了，好哇！！！）

用白话文代替文言文是"五四"运动文字改革的重要内容之一，父亲也进行了很多尝试。父亲在1916年的文章中讨论文言文和白话文的问题，同时注意到写的白话（Written）和说的白话（Spoken）不一样。父亲推动白话文的运动，一是尝试用白话文翻译小说；二是翻译剧本，并用口语搬上舞台；三是为当代文人写的新诗谱曲，也可以说是推动白话文的一部分活动吧！这些活动充分体现了他的革新精神。

理论与实践并重的现代语言学家

1928年中央研究院成立，第二年建立历史语言研究所，父亲接受了创建语言组的任务。可以说，父亲那时起正式把语言学作为自己的终生事业。他为语言组订了两大计划，一是计划在几年之内，把全国的汉语方言及非汉语方言都调查一遍，整理并建立档案作以后研究语言的参考资料；二是建造一个一流的语音实验室。那些年他整个精力都投入进去了。这是他一生的理想和抱负。

父亲很早就注意到中国是一个多语言和多方言的国家，也早有兴趣。他幼年就听什么学什么。1920年他给英国著名哲学家罗素在中国各地演讲做翻译时忍不住试试用地方的方言做翻译。他最得意的是在长沙用他刚在旅途中跟一位长沙人学的长沙话做翻译。讲完了过后一个学生跑上来问我父亲："赵先生，是几时回省的？"学生以为我父亲是湖南人，国语（普通话）说得不太好，却不知道父亲是国语的底子说湖南话说得不太地道。父亲觉得这件事很有趣，他后来经常讲述这段故事给朋友们听。

父亲在清华国学研究院任教及从事研究时，于1927年开始进行方言研究工作。第一次的方言调查选择吴语，这并不是偶然的。常州、常熟、苏州语均属吴语，也是父亲从小就熟悉的方言，这给方言调查工作带来很大的方便。在他主持语言组工作时，他领导调查汉语，李方桂则负责非汉语方言调查。父亲的方言调查专著有《钟祥方言记》、《湖北方言调查报告》（合著）、《中山方言》、《台山语料》、《绩溪岭北音系》等。除汉语方言记录外，父亲还做了藏语和瑶语歌曲的记音，并发表有关专著。

父亲早在1924—1925年旅行欧洲期间就拜访西方著名语言学家，特别重视参观语音实验室。他到德国访问著名语音学家海因尼兹（Wilhelm Heinitz），参观其设备精良齐全的语音实验室，该实验室是当时语音实验室中心之一。同年到英国Stephen Jones语音实验室进行实践，加上在大学学习物理时就打下了良好的声学基础，这一切都为后来筹建语音实验室创造了很好的基础。1934年中研院史语所迁到南京新建的大楼，父亲进行规划和建立语言组的语音实验室并亲自监督建造工程。隔音材料、仪器设备等都由父亲挑选和购买，部分在美国购买并亲自运回国。我记得小时候父亲常带我到他的实验室玩儿，给我讲隔音板的用途，得意地给我看他们的录音设备。父亲利用这个实验室完成了不少语言研究工作，灌制成千张方言调查铝片音档。

1936年语音实验室已经建成，并且正在运转，大量的方言调查工作正在进行，父亲正在计划福建方言调查工作，此时不少国外专家学者前来访问语言组和参观语音实验室。夏威夷大学教授参观后来函请父亲到夏威夷大学做访问教授，并给高薪。父亲客气地回信拒绝了，理由是方言调查工作、民众教育的罗马字化的工作都需要在国内进行，只要条件还允许的话，他需要留在国内。

三十年代父亲撰写并发表好多篇重要的语言学文章。三十年代发表的出名的语言学文章有《音位标音法的多能性》、《一套标调的字母》、《听写倒英语》、《中国字调跟语调》、《中国方言当中爆发音的种类》等。瑞典汉学家高本汉著作《中国音韵学研究》也是三十年代我父亲、罗常培和李方桂三人花了几年工夫合译的。几位译者商定将全书作一忠实的翻译；改其错误；加入新材料；改用国际音标注音；一部分重编。这部译作获得原作者高度评价。从这部译作再次看出父亲对翻译工作从来不满足于简单的翻译，而在翻译中有改进有创新。回顾二十年代和三十年代，父亲不论在语言或是音乐方面，全心投入改革和创造。迁居到南京，父母亲是做永久打算的。《杂记赵家》第九章的题目就是"在南京做永久的计划"，可以看出他们当时的心情和内心的想法。

1937年8月13日日本帝国主义侵略者进攻上海，战火逼近，全家人随机关迁往内地，先到长沙，1938年到昆明。父亲计划的方言调查工作暂时中断，语音实验室不能迁走，只好丢下，当时只把能搬动的仪器及灌制音档唱片、书籍和资料运往内地，自己家里的东西几乎全部丢下没有带出来。父亲离开南京之前跟母亲商量将自己从1906年开始写的三十余年的日记和多年拍摄的几千张照片这些具有历史意义的珍贵资料寄往老同学Bok King家保存下来。父亲在昆明，听说南京家里一切都毁了，父亲请假出国前给老朋友胡适的信上说："房子无确息，听说大部被抢一空。我的书除手头常用语言书，余皆是'goner'（无可挽回的东西，下同——作者注），esp.（特别是——作者注）多年的乐谱等。日记及自拍的Snapshots（照片）则在Bok King处了。所以说声去，什么都得从头儿买起，就是好多东西都买不着了。我曾经有个创刊号集，有几十种期刊的创刊号，现在除《科学》首四本在重庆，余皆是goner了。"

语音实验室的建成和方言调查工作的进行，体现了父亲的远大抱负和工作热忱。他始终非常怀念那段紧张而又充满乐趣的工作。1973、1981年他两次回国，都回到南京，到北极阁下历史语言研究所旧址再看一看。他一间房子挨着一间房子看，还在他当年工作过的办公室坐下拍照留念。

异国生涯，语言大师

1938年以后父亲侨居国外四十余年，1954年入美国籍。他从事汉语教学，继续语言学教学及研究，发表大量论文，出版几部重要语言学专著，他被世界公认为语言大师。

父亲说，语言是一套习惯，学习外国语就是养成一套特别的习惯。习惯这东西是养成容易改变难，所以小孩儿从没有习惯起头儿，养成习惯容易，大人已经有了本国语的习惯，再改成外国语的习惯难。这也就是为什么人们常说小孩子学话快。父亲说学习外国语的内容分成发音、语法和词汇三个主要部分。

父亲的语言教学指的是学口语，他一生从事着活的语言的研究和实践。四十年代在哈佛大学他主持ASTP（美国陆军委托大学办的中文班）中文班教学，父亲编写了口语教材，自己配制唱片。他每天只有一小时用英文上大班课，其他时间则训练助教分小班练习。自习时间学员也是听唱片、练习说话。十个月的短训班获得很好的成绩。所有的学员虽然有好有次的，但都还能说中国话。成绩最好的两名后来当了美国大学教授。父亲教的粤语速成班同样获得非常好的效果，父亲告诉我们，一次他带学生到唐人街广东人开的饭馆吃饭，并用粤语对话，饭馆服务员问那学生："你什么时候从中国回来的？"父亲为此很得意，当晚日记中记载："不错！"

在国外，父亲经过几十年的教学实践，建立了一个完整的汉语教学教材系列，包括口语教材，如1947年的《粤语入门》和1948年的《国语入门》；阅读教材，如1968年的《中国话的读物》；语言专著如《中国话的文法》；工具书如《国语字典（简明中国话的字典）》等。这些都是用英文出版的。

父亲侨居海外四十余年，继续发表和出版有关语言的论文和专著，特别在退休以后更专心致志从事论著。大部分是用英文发表或出版的。

1959年作为台湾大学文学院丛刊之一，出版《语言问题》一书，发表父亲在台湾大学的演讲记录，全书十六章。该书系统地讲述了语言学以及与语言学有关系的各项基本问题，可以说是用中文写的第一部普通语言学的书，是父亲的重要著作之一。1979年北京商务印书馆再版，父亲为新版写序。他谦虚地说："这书自从1968年再版以来又十多年了。现在又有再印的计划，总是还有点用处吧？"

1968年英国剑桥大学出版社出版*Language and Symbolic Systems*《语言和符号学》，原著英文。这本书本来是根据《语言问题》一书改编的，内容有好些出入。这本书出版后立即受到世界各地语言界的重视。我在父亲文件夹中就看见列出的书评四十多篇。这书出版后在几年内便被译成法文（1979）、日文（1972）和西班牙语（1975）出版。

在语法方面，《中国话的文法》是父亲最重要的著作。1965年曾于加州大学内部出版，1968年正式出版。这本书致献给我母亲，父亲说："我太太一不留神就说出些中国话的文法的绝好的例子，所以我致献这部书给我太太。"此书原著为英文，1979、1980年先后由吕叔湘先生摘译、丁邦新先生全译成中文。

1976年《中国社会语言集——赵元任论文集》（英文）出版，论文集编入了父亲近年关于中国语言的26篇论文。

父亲晚年也从来没有停止研究工作，当时重点进行中国通字方案的研究。《通字方案》一书是父亲最后的一部著作，1973年周恩来总理很关心地问及该书的出版。这部著作1983年由北京商务印书馆出版，可惜父亲自己没有看到。

我国语言界一向给予我父亲高度评价，称他是"中国语言学之父"。我国著名语言学家吕叔湘先生说："赵先生以活的语言作为研究的对象，为中国语言学的研究开辟了一条新路，他引导我走向了这条新路。"我国另一位著名语言学家、父亲早年的学生王力教授说："赵先生以前的语言学家其实是语文学、文字学家。"父亲为中国现代语言学的创立和研究奠定了基础，铺平了道路。他是一位富于开拓精神、敢于改革、敢于创新的人。

父亲的成就和贡献也为世界所公认，他是唯一当选过美国语言学会会长（1945）的中国学者。1960年当选美国东方学会会长。三次荣获大学荣誉博士学位。1954和1968年两次荣获谷根函（Guggenheim）奖金。1959年获得奖金以傅尔布莱特研究学者（Fulbright Research Scholar）名义到日本京都大学讲学。1967年加州大学授予教授研究讲座称号（Faculty Research Leeturer），这是该校授予教职员的最高荣誉。1981年父亲最后一次回国，北京大学授予他名誉教授的称号。

"业余"的音乐作曲家

父亲在音乐方面的活动大部分是业余的。但是由于他的音乐创作跟随时代前进的潮流，反映了"五四"以来一代要科学、要民主、要改造社会的进步人士的思想感情，所以很有影响。1928年出版的《新诗歌集》正是在那个时代的创作，该歌集的万言长序表达了父亲的音乐思想和观点。我的姐姐赵如兰，哈佛大学音乐系教授，编写了《赵元任音乐作品全集》（1987年上海音乐出版社出版）。关于父亲音乐创作方面，请读者详见赵如兰撰写的《我父亲的音乐生活》，在此不详细讲。

还乡

1938年，父亲接受美国夏威夷大学的邀请赴美任教，全家人又到了美国。1946年，抗战胜利的第二年，我和我的老伴儿黄培云从美国返回祖国，父母亲也准备第二年启程回国。后来听父母说，我离家不久，父亲收到当时国民党教育部长朱家骅请他出任中央大学校长的电报，父亲回了一封电报婉言谢绝了。后来父亲没有如约回国，而应加州大学之聘请到柏克莱任教。父亲说："在回国的途中路过加州，结果'路过'了三十多年。"

1973年父母亲带着外孙女和外孙女婿回国探亲访友。父母亲出国35年，第一次回来，心情非常兴奋。到北京的第二天一大早，自己就叫了汽车去看望我的舅舅和舅母。四位八十多岁高龄的老人分别35年之后又见面了，真是高兴得无法形容。几位老人又是照相，又是回忆往事，相互问长问短，没有个完。我也带着两个二十多岁的儿子赶到北京去看他们从没见过的外公外婆。

父亲写了一个他想见的人员名单，共七十余人，都是几十年前的朋友和学生，多数只有姓名，没有地址和工作单位。在接待单位的努力下，这些人差不多都见到了。父母亲非常感动，父亲说："这简直是一项科学研究。"父母亲除了看望亲友外，就是看老地方，如当年父母结婚后住的地方，父亲和罗素一同住过的地方等等。父亲还回到家乡常州，到青果巷看看自己小时候的家，见到堂弟一家人。父亲在常州一所中学跟师生用常州话进行座谈。离开常州时，父母亲特别带上两盒常州烧饼回美国给朋友们品尝家乡风味。

5月13日晚上到5月14日清晨，周恩来总理、郭沫若和刘西尧一起接见了我父母亲，交谈了整整三个小时。周总理还邀请了父亲的许多老同学如竺可桢夫妇、邹秉文一家，老朋友如吴有训夫妇、周培源夫妇、黎锦熙、丁西林，还有赵朴初等。父亲平时话不多，那晚却抢着说话。总理和我父亲谈到文字改革，谈到父亲正在研究的《通字方案》。总理跟我母亲谈到她祖父杨仁山居士所创立的金陵刻经处的修复工作，还谈到计划生育问题。父母亲非常钦佩周总理渊博的知识和对情况的熟悉。会见中，总理还请大家吃了一顿别有风味的夜点，粽子、春卷、小烧饼、绿豆糕和馄饨等，一个个都做得小巧玲珑、式样别致，适合老人吃。父母亲离开祖国几十年，吃到地道的中国点心，心情格外高兴。总理还遗憾地说，可惜没关照厨师熬点北京的粥给大家吃。会见的气氛极为自然、随便。以后人们问起这次会见，父亲总是用"亲切"两个字回答，来概括那次难忘的会见。

父母亲在国内见到了许多亲友，看到了家乡的巨变和祖国的进步，临走时对我说，过一两年一定再回来。父亲用英文题为*Return of the Native*（还乡）写了回国这段的回忆，末尾他说："回中国看亲友的一个月，又激起了我们内心的家乡感情，以致离开中国的时候又像是离开家了。所以，当我们在告别时说'很快我们再见'，心中是认真地在考虑着再见。"由于母亲的健康情况，他们未能一同再来。母亲于1981年3月1日在美国病逝。

1981年5月，父亲应中国社会科学院的邀请再次回国。父亲已经是87岁高龄，他仍然远程回国与亲友再见面，我大姐、大姐夫和四妹陪伴父亲一起回国。我一家人也都到了北京看望我父亲。父亲不仅看到外孙和外孙媳妇们，还第一次看见一岁半的重外孙黄又新（又新这个名字是我父亲给取的名），可以说，我们四代同堂了。父亲从来都是喜欢小孩子，在北京时，一有空就跟重外孙玩儿，听他背唐诗。我们姐妹陪伴父亲回老家常州，到南京和上海。父亲见到了许多亲戚朋友。

他非常高兴见到了许多语言界和音乐界的同行朋友，这次回国特地带着正在研究的《通字方案》稿，在社科院语言研究所组织的

1973年，赵元任夫妇和朋友、家人在中山公园留影。左起：周培源、赵景新、周培源夫人、杨步伟、本文作者赵新那、赵元任、黄培云（赵元任女婿，中国工程院院士）

1973年在北京中山公园。
左起周培源、杨步伟、赵元任

座谈会上，来听取国内同行的意见。会上父亲谦虚地说自己是落伍的语言学家。他介绍国外的情况，介绍自己的自传，并听取对《通字方案》的意见。音乐界与父亲会见的人更多。中央音乐学院举行了小型演唱会，演唱我父亲的歌曲。父亲兴致很高，自己也站起来用无锡话唱他著名的歌曲《卖布谣》。对唱歌时的歌词问题他谈了自己的看法。在上海音乐学院听完演唱，父亲对《叫我如何不想他》的演唱特别满意，他站起来走到演唱者面前握手说："你唱得对。"父亲时常听人把这首歌唱得"太洋"了。演唱会结束后，父亲站起来走到麦克风前唱《卖布谣》。父亲还跟贺绿汀院长畅谈中国音乐问题。回到北京后，父亲和我们全家人受到邓小平的亲切接见，北京大学授予我父亲名誉教授的头衔。回国这短短一个月，可以说是父亲在世的最后一年最高兴的事情。

　　父亲的一生是快乐的、有意义的。他的兴趣广泛，知识渊博。他的生活是丰富多彩的。他一生做了许许多多事情，样样干得都很出色，但他从不觉得自己是了不起有成就的人。他把工作的乐趣和生活的乐趣融为一体。他把名誉、地位、金钱看得很轻、很淡，但很看重自己的事业，很看重友谊和家庭。他不赞成读死书，强调创造、强调科学的态度。他自己就是一个敢于改革、敢于创新的人。

父母亲的婚姻　　赵新那

父亲的改革和创新精神不仅表现在语言研究和音乐创新上，在婚姻大事上也是敢于冲破传统观念，摆脱封建习俗。记得听父母说，他们两家都曾为他们包办订了婚姻。母亲还没有出世就订了婚。父亲也有一位从来没有见过面的未婚妻。他们反对包办婚姻，父母亲各自先后解除包办婚姻，通过自由恋爱结合。父母亲讨厌各种繁文缛节，从不讲究排场。父亲自己草拟并印制结婚通知书，在中央公园自己拍照，选择在格言亭合拍的照相作为结婚照。自拟并手书结婚证书，贴上四毛钱印花。他们的结婚通知书上写"在1921年6月1日下午3点钟东经120度平均太阳标准时在北京自主结婚"，"证婚人为朱徵、胡适"。在通知最后附上"除贺信、文章或音乐作品，以及对中国科学社的捐助外，绝对拒收礼品"。父母亲的婚姻被报纸誉为"新人物之新式婚姻"，在知识界一时传为美谈。

在金婚之际，他们合写《八十年、五十年回忆》，生动活泼地谈论他们共同度过的五十年。母亲说："元任！我们这两个性情强固、嗜好不同八十来岁的人，怎么能共同生活都到了五十多年的金婚日子还没有离婚，真是料想不到的怪事。当日我们不要仪式和证婚人的理由，第一是我们两个人都是生来个性要争取绝对自由，第二恐怕离婚时给证婚人找麻烦，但是没料到两个证婚人胡适之、

赵元任伉俪

朱徽都过去了，而我们两个人还在一道过金婚呢！"在金婚纪念时刻，父母亲还按照当年结婚时候的主张，除了用笔墨自己创造的礼物，一概不收礼。亲友们尊重他们的意见，这样做了。他们自己押胡适《贺银婚》诗韵，母亲写《金婚》诗"发发牢骚出出气"，父亲写了《答词》。

一、《贺银婚》 胡 适

蜜蜜甜甜二十年，

（将银婚二十五年误写为二十年——作者注）

人人都说好姻缘。

新娘欠我香香礼，

（外国习俗Kiss the Bride——作者注）

记得还时要利钱。

二、《金婚》 韵 卿

吵吵闹闹五十年，

人人反说好姻缘。

元任欠我今生业，

颠倒阴阳再团圆。

三、《答词》　元任

阴阳颠倒又团圆，

犹似当年蜜蜜甜。

男女平权新世纪，

同偕造福为人间。

父母亲结婚近六十年（只差三个月），生四个女儿，都已成家立业。父母婚姻是美满的。受老人家的影响，我结婚，我的两个儿子结婚，除完成必要的法律规定的手续外，没有举行任何仪式，也请亲友们不要送礼。

父母亲在世时就嘱咐我们，他们去世后不要举行任何仪式，要实行火化，并将他们两人的骨灰一同撒在太平洋，一方面表示他们属于世界，另一方面希望随着太平洋环流回归故土。我们遵循父母遗愿，这样做了，遵照母亲遗愿，母亲部分骨灰撒在南京她的祖父杨仁山居士墓旁。

作者简介：赵新那，赵元任与杨步伟次女，1923年生，哈佛大学拉德克利夫学院毕业。中南大学化学系教授，已退休。现居长沙。

赵元任夫妇的恩爱晚年

赵元任夫妇晚年的写作生活

关于冠夫姓[1]　　梁文蔷

　　关于冠夫姓，这与我们这一代及上一代女人的心态有关。如果自认其自我价值有赖夫君，则以冠夫姓为荣，譬如：蒋宋美龄。另一种女子不想冠夫姓，但是认为这是传统，不应改变，不可改变，不敢改变，不准改变，或不能改变……于是遵守传统，冠夫姓。还有一种女子，根本没去想，没有深入思想的能力，接受家庭社会传统的摆布，认为是天经地义。

　　另外一种女子，自己有能力有勇气要决定自己的名字，而选择了婚后仍然用自己的名姓。

---

[1] 我在几年前请教过梁实秋先生幼女梁文蔷教授关于冠夫姓的问题（并非针对赵杨步伟先生的个例），这是当时梁教授的电子邮件回信，仅供读者参考；罗家伦的女儿罗久芳教授告诉我，杨步伟、赵杨步伟两个名字共用，杨步伟先生在美国华人中以"赵太太"出名。

——高艳华注

丁西林留言

你的爸爸是我认识
的最老的朋友，你是我
认识的最小的朋友，
我们多年不见，你不认
识我，我可一看见就
认识了你。

西林
三二年青五七日

■ 你的爸爸是我认识的最老的朋友，你是我认识的最小的朋友，我们多年不见，你不认识我，我可一看见就认识了你。

西林

三十二年五月二十六日

■ 丁西林（1893—1974），现代剧作家、物理学家、社会活动家。新中国成立后，曾任文化部副部长、中国人民对外友好协会副会长等职。

有关丁西林伯伯的回忆

关于丁西林，我只觉得他是非常可亲的长者。他虽然是中国文化部门的领导人，可他还是一个科学家出身的人呢！在1972年秋天，我一人到了北京，我和姑父姑母一起见到丁西林夫妇后，他们请我们去吃涮羊肉。李四光伯伯似乎刚去世，李伯母没有去。后来我在对外友协又见了丁伯伯，说了一些友好协会的事，他还轻声对我说，这几年只有八个样板戏了……这是我记得最清楚的话。丁伯伯和我父亲是老同学，和我母亲也是老友，所以他可以和我说话比较随意。他写的《一只马蜂》那出短剧，和我母亲写的小说《酒后》是同一个题材，好像那时胡适和他们打赌，让他们写作同一题材作品，看谁写得最好。

1951年中国文化代表团出访印度、缅甸，这是全体人员留影。

前排左五为冯友兰、左七团长丁西林、左十一秘书长刘白羽。

冯友兰留言

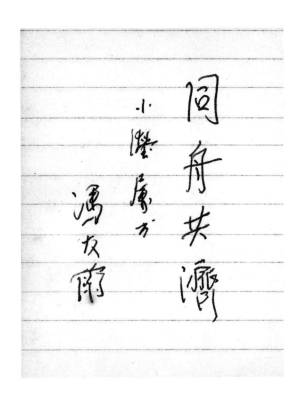

同舟共济
小滢属书
冯友兰

冯友兰（1895—1990），著名哲学家，曾任燕京大学教授、清华大学文学院院长兼哲学系主任、西南联合大学哲学系教授兼文学院院长，北京大学教授。

六十年前的题字　　冯钟璞

1946年8月，我的父亲冯友兰应邀到美国宾夕法尼亚大学任客座教授，乘麦琪将军号海轮，横渡太平洋。同船的有华罗庚先生、作家凌叔华、画家叶浅予、将军冯玉祥，还有当时赴英国留学的李赋宁等。最近看到凌叔华先生之女陈小滢的纪念册上父亲的题词"同舟共济"四字，觉得很亲切。在船上写这句话倒是很合适。难为小滢保存了这许多年，也让人感到人情的温暖。

叶浅予在船上作有漫画，我也是最近才看到。这是一幅众生相，中有大胡子冯友兰捧着一本《中国哲学史》在读，一眼便可认出，这是漫画的特点。曾见丁聪的冯友兰像，也是勾勒几笔，便可认出。家里有一幅司徒乔画的冯友兰像，不是漫画，颜色黄黄的，像是蜡笔，也许是油画？

父亲此次赴美完成两件大事：一是两卷本《中国哲学史》的翻

冯友兰与女儿即本文
作者冯钟璞

译，一是《中国哲学简史》的著成。宾夕法尼亚大学教授汉学家狄克·卜德，三十年代将冯著《中国哲学史》上卷译为英文。因日本侵华，中日战起而中断。四十年代胜利以后，卜德计划继续翻译此书。父亲赴美后，除讲授中国哲学史外，时与卜德讨论《中国哲学史》下卷翻译中的问题。《中国哲学史》下卷于1952年问世。两卷均为美国普林斯顿大学出版社出版。

父亲在宾夕法尼亚大学用英文讲授中国哲学史，讲稿后由麦克米伦公司出版，这就是后来享誉世界的《中国哲学简史》。直到现在，要学习中国哲学还是离不开这两部书。

冯钟璞

2007年10月16日

作者简介：冯钟璞，笔名宗璞，当代著名作家，著名哲学家冯友兰先生女儿，1928年生于北京，毕业于清华大学外文系，中国社会科学院外国文学研究所研究员，现居北京。

苏雪林留言

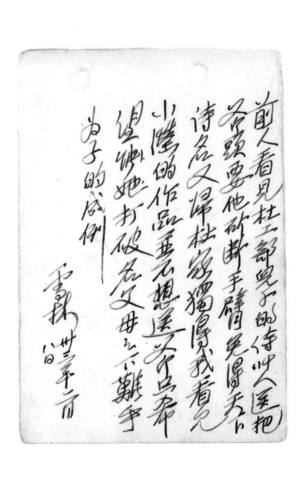

前人看见杜工部兒子的侍妾入醫把
苍頭要他砍斷手臂免得天下
诗名又歸杜家獨自傳我看見
小灣的作品並不想送一个生花
望她她打破古文母之之難
男子的成例

雪林 世三年前

■　前人看见杜工部儿子的诗，叫人送把斧头要他斫断手臂，免得天下　　诗名又归杜家独得。我看见小滢的作品，并不想送斧，只希望能她　　打破名父母之下难乎为子的成例。

雪林

卅三年二月八日

■　苏雪林（1897—1999），现代著名女作家、文学研究家。原名苏　　小梅、苏梅，字雪林，安徽省太平县人，生于浙江瑞安。

我熟悉的苏雪林教授

苏雪林先生，我再熟悉不过。她与丈夫没有任何共同语言早就分居了。她没有生育。她人品特别好。平时节俭，舍不得吃喝，为支援抗战，把家里的东西和50两黄金全捐了。平时连稿纸都舍不得用，旧东西舍不得丢。一个锅，一个盆，可以有多种用途，一般人都会想不到，白天用来做饭的，晚上就用来夜用。

苏雪林先生和我们家一直有很深的交情。在珞珈山她就在武大住，后来去了乐山，和我们家住得很近。五十年代我与苏雪林教授在法国学习，我那时是小青年，她已经是中年了。她学习劲头十足。因为太专注学习，对于许多事不走脑子，而好心经常被人家误解。比如烘烤的法国面包，一般人爱吃皮，可是苏雪林认为皮硬，她经常把面包心送给别人，得罪了人家自己还不知道呢。她当年与

左起：凌叔华、苏雪林、
陈小滢

潘玉良关系非常好，她也是我父亲的好朋友。潘玉良是一个很讲义气很有性格的人，虽然外貌不是很受看。她们对我父亲非常好。我到了国外之后，1951年夏天，父母送我去巴黎一边学法文，一边学绘画。我和苏先生就住一个宿舍。我在巴黎只待了两个月，苏先生过去是在法国留学的，所以她很熟悉巴黎的生活。我当时学绘画是女画家潘玉良带我去画室的。苏先生和潘先生都和一般普通的人不一样，她们比较怪癖。我父亲那时在巴黎工作，他很敬重这两位女士，还请她俩看戏等等。当时巴黎的学生宿舍很简陋，苏先生生活也很简单。

苏雪林是非分明，为人为事态度鲜明。

苏雪林给我的留言是希望我不要因为父母是有名的教授、画家、作家就影响自己，要超越他们，要青出于蓝而胜于蓝。而且雪林教授的直率真诚、鲜明的个性与品质也在这个独特的留言中得以充分体现。

儿时眼中的苏雪林　　吴令华

儿时生活在珞珈山及乐山武汉大学的圈子里，以父执故，常见袁昌英、凌叔华、苏雪林，或近接馨欬，或远瞩芳影，童稚无知，懵然不知"珞珈三杰"的雅称。以我幼年的感觉，袁昌英一肚子学问，满腹诗书，气度自华，令人仰慕；凌叔华生活在自己的精神世界里，云中仙子，高贵优雅，令人艳羡；而苏雪林则像是隔壁邻舍的大朋友，快人快语，率真亲切，令人亲近。

苏雪林自奉极为俭朴，衣着无华，一袭旧布旗袍，一双解放脚，说话大声大气，以我那时的看法，甚至有些土气，绝不像在法国留过学，倒像是刚从某个小县城过来的。在珞珈山，苏雪林常来我家。她在安徽大学教书时的文学院长程憬是我父亲吴其昌在清华的同班同室学友；我父为抗日奔走呼号，苏雪林为抗日捐献全部积蓄，所以两人说起来很近乎。那时苏雪林研究楚辞，来我家与父亲常谈的话题是先秦文化。记得有一件至今犹使我羞愧的往事。一天，她被父亲请进书房，查阅一本有关殷周彝器的图册。需要说明的是，认读这册印刷精美的大书是幼年的我和父亲常玩的最快乐的游戏，私心以为：这是我和父亲的"专利"。现在苏先生进去了，居然把我撇在门外，便不顾父亲工作时间不许进书房的禁令，跑去挤到父亲身前，抢着翻书。而更不礼貌的是：当苏雪林指着一幅图说这是"甲"时，我很不客气地说："不对，这是'乙'！"又卖弄地指点其他图像："这是……，这是……"父亲当即制止我这不敬尊长的言行，而苏雪林却满不在乎地大笑，指着另外一些图片问我，我一一应答，她高兴地赞叹："哎哟，你知道的比我还多！"

苏雪林先生

以后她见了我，总是叫我"小文物家"，令我无地自容。

到乐山后，偶尔她来我家时父亲正好外出未归，她便会和我聊天等待。她没有别的大人对孩子的那种居高临下的或教导、或敷衍、或哄逗的言词，而是朋友般的交谈，认真地听你讲，也直率地发表自己的意见。我和她谈话次数不多，时间久远，内容早已模糊，但感觉依然真切，那就是自己像大人一样得到平等的对待。

后来见到她给我老友陈小滢纪念册的题词，更印证了我儿时的感觉。对朋友的独生娇女，她不像别人那样赠些格言、赞语，而是针对小滢的情况，认真地写下：

> 前人看见杜工部儿子的诗，叫人送把斧头要他砍断手臂，免得天下诗名又归杜家独得。我看见小滢的作品，并不想送斧，只希望能她打破名父母之下难乎为子的成例。

小滢受父母陈源、凌叔华的熏陶，也喜欢舞文弄墨，能写很正经的、心忧天下的文章，不像我，只会写些孩子话。苏雪林看到小滢的优势，不做空泛的赞扬，却向她提出了一个严肃的问题：名人之后，如何自处，如何奋起，青出于蓝而胜于蓝。

名人之后，难乎为子。这是千百年来的一个"成例"，古今中外，突破者鲜。今日社会中也随处可见。原因是多方面的，有社会的、父母的，也有子女本身的。而要打破它，只有靠子女自己，无人可以替代。名人子女口衔宝玉而生，有名父母的荫庇，受众人的瞩目，要战胜自己的优越感、依赖心，克服世俗舆论的纷扰，走自己的路，是需要多大的毅力啊！苏雪林直截了当提出这样严肃的问题，却让一个十三岁的孩子有些难以承受，但也说明，她没有把小滢当孩子，而是相信她的自审力，及早提醒她认真思考，走好自己的路。

至于有人要送杜工部儿子斧头的典故，我腹俭无知。查《旧唐书》，杜甫子名宗武，"流落湖湘而卒"，尽管小时了了，长大后生活可能较其父尤落魄，未见有诗流传下来。杜甫之祖杜审言，是初唐有名的诗人，到杜甫被尊为"诗圣"，若杜子再有诗名，那就成诗人世家，真是"天下诗名，杜家独得"了。不过我想，即使杜宗武衣食无忧，要超越乃父的诗名，也是不大可能的，这就是名人之后，难乎为子吧。

我记忆中的苏先生　　杨静远

苏先生的婚姻，照她自己说的，是"一场不愉快的梦境"。家庭包办，又囿于孝心，使得这位热情浪漫的新女性一生与真正情爱的幸福无缘。

大约在十四岁时，她就由祖父做主许配给在上海经商的张家的次子。为求继续升学，她拒婚三次，最后一次是在法国留学时。

那时，奉父命，她与在美国留学的张宝龄先生通过几次信。在通信中，苏就发现未婚夫的个性与自己南辕北辙，绝非理想中的伴侣。"他……中英文都不错，字迹尤其挺秀，不过他的个性好像甚冷僻，对任何事都无兴趣……同他通信索然无味。"（《浮生九四》第69页）为了增进了解，苏去信邀他毕业后到欧洲一游，不料遭到断然拒绝。她恼羞交集，要求解除婚约，又遭父亲一顿痛斥，气得她几乎进修道院。

1925年她回国，为了安慰重病的母亲，她违心地同张结了婚，时二十八岁。新婚后，她试着以自己的热情融化他冰雪的心，在苏州东吴教课共同生活的一年，她曾半真半幻地加以美化，写成浪漫色调很浓的《绿天》，其中《鸽儿的通信》纯属虚构，一种自我慰藉，一个"美丽的谎言"。此后，他们的夫妻生活就名存实亡了。1931年，她到武大，他留在上海江南造船厂。

苏先生到武大后，接了寡姐来，组成姐妹家庭，此后四十多年，这是她享有的唯一天伦之乐。她和张先生结婚三十六年，同居仅四年。他们的婚姻既是一个错误，又为什么不离婚？这是因为，苏先生认为女人离婚名声不雅，况且她早把身心投入文学事业，把伉俪之情看得可有可无，就拖了下来。

抗战后，苏先生入川，张先生去云南，互不通信。想不到1942年，他忽又和她生活在一个屋檐下。原来武大工学院郭霖教授病故，临终前向学校推荐张以自代，他便来乐山，住进了让庐。苏先生在楼上腾一间房间给他做卧室，吃饭就合在一起。

张先生到的那天，1942年9月10日，我家刚搬进让庐一个月。他给我的印象，全不像那个闻名已久的凛若冰霜的人。他很友善、健谈，在廊子里一坐下，就讲了一个引人入胜的故事，他在昆明的一段亲历。其实，张先生为人并非一贯冷僻。在东吴、江南造船厂或武大，人缘都不错。他在武大教书三年，深受学生欢迎。同学中流传着一个善意的笑话，说一个中秋之夜，苏诗意盎然地对张说："你看这月亮多圆呀！"张一本正经地说："没有我用圆规画的圆！"他与苏先生合不来，除性格因素外，还有一个观念不可调和的问题。据苏先生说，他虽受过西方教育，在婚姻问题上却仍抱着中国男性的旧观念，要求妻子是一个全心伺候他过日子的旧式家庭妇女，而不是一个只会摇笔杆不会使锅铲的文人、新女性。于是两个各方面都优秀的人，合在一起却演出了一幕悲剧。

苏先生因婚姻不幸，又无子女，除了将感情寄托于她唯一的亲人姐姐，还酷爱小动物，尤其是猫。苏先生爱猫，是出了名的。那时许多人家都养猫，是为了震慑猖獗的四川老鼠。苏先生养猫，一如西人养宠物，是为了爱。一进她家，总见到她膝上蜷着一只眯着眼打呼噜的毛色油亮的大猫，她用手不停地温存地抚摸。我的日记里还记有一则她和小狗的事："她叫进小狗来，和它逗玩。那小狗肥成一只小肉虫，蹒跚地爬着。她逗着它，用一种年轻的慈母逗她的头生子的温柔与满足。我心里很感动，很同情她，一颗热情无处寄托的心呀！"

抗战胜利后，苏先生随校回武汉，张先生回上海。1949年，苏去台湾，张留大陆，天各一方，再也没有见过面。1961年，苏先生得知张先生病故，十分感慨，颇悔自己"拖累他孤栖一世"。

苏先生是个有着赤子之心的淳朴的人，平素做人极谦和、憨厚，慷慨大度，胸无城府，不计较一己得失，不善自我保护。但一旦动了义愤，见诸文字便异常激昂、凌厉，下笔不留余地，由此而得罪人，使自己陷入困境也在所不惜。作为女人，她表现为一个极

乐山少年的旅途　　137

二十世纪五十年代小滢母女与苏雪林（中）
在英国剑桥留影

端；作为文人，她表现为另一极端，她是否就是这样一个双重性格的人？

《让庐日记》摘编　杨静远

1941年7月20日

　　吃过晚饭和妈妈坐在廊下谈话，谈起中国的好人与坏人，真令人气愤。最后说到苏（雪林）先生。她是一个完全的好人，但现在却眼看着要饿死。她以前捐金救国[1]那番热烈伟大的事，现在没人提了，大概人们都忘了。我想以后能著作的时候，一定要替她写下来，使她名垂千古。

送雪林告别杏坛　谢冰莹

　　"大人者，不失其赤子之心。"雪林的天真和赤子之心比谁都来得大。一些不了解雪林为人的人，连想都想不到她是这么天真，这么丝毫不懂世故，犹如一块浑然之璞。也许因为太天真的缘故，她曾碰过钉子，遭受过一些大大小小的打击。但她是好心人，从不记恨，对于意见、思想、主张和她不相同的人，她能容忍。不过事关危害国家民族的罪恶，她就绝不宽容。她"嫉恶如仇"的精神，也为这乡愿世界所罕见。为纪念她的告别杏坛，我竟不知道应该从何下笔，原因是她给我的印象太好、太深。现在我且谈一谈她的个

---

[1] 1937年"八一三"淞沪之战时，苏雪林怀着爱国激情，将私藏的两根金条（重五十两多，是她用妆奁3000元加上十余年省吃俭用的教书薪俸购得以备养老的），捐献给国家帮助抗日。

——杨静远注

性。

雪林是个爱好自由的人，写文章不喜欢用稿纸，高兴在白纸或十行纸上无拘无束地写。我为了爱护她的眼睛，上月特地送她一些托友由台中买来的大格稿纸，不料她竟退还我，而且说，她用大格纸，文章反而写不出。这和我的爱写大格恰恰相反。

雪林的悟性很强，可是记性很坏。

她在十一二岁的时候，就开始写日记。心里有话，都写在上面。有一次发现有人偷看她的日记，就一把火把它烧掉了。后来从民国二十六年起，又继续她的日记，一直到现在没有间断。

她的国学根底很深，少年时代受蒲松龄《聊斋志异》和林琴南各种翻译小说的影响很深。不论看什么书，她都是把全部精神集中在上面，好的作品，她可以连看十来次。

小时候，雪林开始写五六百字的五言古诗和桐城体的古文，写得有声有色。民国八年，她考进北京女高师（即后来的国立北平女师大，不久男女合校，改为国立北平师范大学）。受了"五四"新文化运动的影响，就从事新文艺写作。当她尚未北上，开始以童养媳为题材写小说了。但那一篇却是用古香古色的文言文写成的。

由于她写作非常认真，通常一天只写两千字。她的学问领域博大精深，因此她的作品包罗万象，有关科学、哲学、神话、艺术，应有尽有——小说、诗词、散文、杂文、学术论文、神话、游记……无一不写；她并不是职业作家，仅靠着每年的寒暑假以及星期假日，埋头写作。近两年来，她的生活比较寂寞；尤其在她的大姊去世以后，一个人住在台南，朋友们都盼望她退休之后，来台北定居。那时老朋友常常见面聊天，她就不会感觉寂寞了。

"助人为快乐之本"，雪林总是有求必应，不说别人有困难，她乐于解囊相助，就是办刊物的朋友找她写文章，也从来不拒绝，而且限期交卷，决不拖延。对于朋友信件，有来必复；朋友之间对她有什么误会时，她总是以宽宏的度量原谅对方，决不斤斤计较。

她的记性很坏，有时见了两三次面的客人，她也会"请问贵姓"。不知道她底细的人，以为"贵人多忘"，其实她真是记忆力差。

她有一本朋友的地址电话簿，二十多年来没有换过。已经到了报废的程度了，但她舍不得换。雪林的一生，是很节俭刻苦的。她个人从来没有享受过舒服的物质生活，可是款待朋友总很大方，喜欢弄满桌子的菜。来台湾后，我们两人在日月潭的教师会馆，曾经享受了一个星期的清福。回想起来，真有无限感慨。她和我都受过伤，随时有跌倒的可能，一个人不敢出门，还奢望游山玩水吗？

提到刻苦，我有很多话想写，只怕雪林不高兴。那年她离开师大去台南成大执教，我帮她清行李，看到一些发黄了的武汉大学的信纸、信封，有些皱了，有些缺角，我说："雪林，我去买新的信纸、信封送你，这些都丢掉好吗？""不要丢，不要丢，还可以用。"

"唉！这块破抹布也带去台南吗？"我把它从网篮里丢出来，她又捡进去。"破布，我留着擦皮鞋。"她一面说，一面做手势不让我动手。我只好长叹一声，坐在书桌前，看她收拾，心里却在想：一块破布，几张破纸，都舍不得丢的人，抗战开始时，怎么肯把半生辛辛苦苦赚来的稿费、薪水，买成五十两黄金献给国家呢？而且一辈子负担几个穷亲戚生活之一部呢？雪林不高兴我提起这件事，因为她并非沽名钓誉的人。她默默做了许多爱国爱人的工作，不愿别人知道，但我一定要写出这些真实的故事来。至于她穿着破袜子和补了又补的内衣，我不必细说了。

我说过，她仿佛像个大孩子，一点儿也不懂世故，她有一颗热爱国家、爱朋友、爱人类的赤子之心。如果一定要找她的缺点，那就是她太容易激动。这也因为她太热情，遇事不能冷静地想想后果，可这并不影响她的为人与治学。

说到治学，她是个"学不厌、教不倦"的老教育家，又是"五四"以来，一直到今天，在文坛上始终享有盛名的作家，然而雪林是那么谦虚，她老是赞美朋友们的作品。她说她是个文坛打杂者。假使打杂的能像她这样有成就，那么我也情愿打杂去了。

我信手写一些她的小故事，以博老朋友之一粲。并在这儿为她祈祷，老当益壮，退休后多多创作伟大的作品出来。

六三（编者注：1974年）、二、十五夜于潜斋

作者简介：谢冰莹（1906—2000），现代著名女作家，原名鸣岗，字凤宝。祖籍湖南新化。她的代表作《女兵自传》以自己的经历为线索，展示了一个不平凡女性的形象。

朱光潜留言

小滢，
今晚你看兄菁先生開药方，豐先生血亚，豐先生似乎比菁先生更健旺快樂。候你一、二天要学医，也不要丟開你的擅长、也的文藝，文藝也是有你老老妈妈的朋友醫人醫自己的。
光潜 卅二年 耆明

■ 小滢，今晚你看萧先生开药方，丰先生画画，丰先生似乎比萧先生更健旺快乐。假如你一定要学医，也不要丢开你所擅长的文艺，文艺也是可医人医自己的。

你爸爸妈妈的朋友　光潜
卅二年清明

■ 朱光潜（1897—1986），著名美学家、文艺理论家、翻译家，我国现代美学的开拓者和奠基者之一。

回忆朱光潜先生

朱光潜伯伯当年也被选为参政员，在武大当过一段时期教务长。他是个非常可爱的人，经常用安徽口音大声吟诵古诗。我们都知道他音盲色盲。大家唱国歌，他唱出来声音小还变调儿。他特别喜欢收藏古碑帖，让我到他们家玩，去看帖，但是我不喜欢。二十世纪八十年代我每次回国都要去他家看望他。"文革"时期，他们家就住在翦伯赞家旁边，他也被批斗，能活过来不易。

朱伯伯的话今天读来备感亲切，一个人的成才有广阔的天地，只要你认真投入，不畏辛苦，无论做什么，都会对于社会有所贡献。有一句俗话不是说"365行，行行出状元"吗？

朱光潜先生

[旁观]

我所知道的萧先生　　皮公亮

朱光潜先生给小滢的留言中提到的萧先生名叫萧君绛，他是江西萍乡人，早年留学日本二十世纪三十年代在武汉大学数学系任教授。他对中医颇有研究，特别是对治疗伤寒病有独到之处。他一般不给人看病，但有人找他他也不拒绝，从不收报酬。抗战期间，他随武大迁到四川乐山，因病在乐山去世。

《让庐日记》摘编　　杨静远

1943年7月9日

……到文庙看成绩，满以为考得不坏，谁知一看，冷了半截。五门功课除英文80分外，都是七十几分。我失败了，被自己的虚荣欺骗了！妈妈安慰说，像×××这样的先生，你在他手

作者简介：皮公亮，1925年生，《长江日报》资深记者。

下得100分也不足为荣，得70分也不足为耻，他的评价不能作标准，反而你能得到朱光潜先生的80分是无上的荣耀，因为他是真正的学者，他的标准不轻易定的。

[旁观]

朱光潜先生的英诗课   杨静远

那还是1942年的事。在风光旖旎的川西南小城乐山，我作为武汉大学外文系的学生，领受了朱光潜先生的亲切教诲。

那几年，外文系是文学院四个系中的大系。学生人数最多，最活跃。教师队伍人才济济，各显神通。课程百花齐放。有系主任方重先生的英语散文和英国文学史，陈源先生的英国文化，我的母亲袁昌英的莎士比亚、近代欧美戏剧和法语，罗念生的古代欧洲名著，钱歌川先生的英中翻译，谢文炳先生的基本英文和英国文学史，戴镏龄先生的散文和近代欧洲名著，孙家琇先生的小说，陈登恪先生的法文和中国小说史，陈尧成先生的日文，缪朗山先生的课外俄语班，英国教师李纳先生的英语口语和语音学……而最为脍炙人口的要数教务长、名教授朱光潜先生的"英诗选读"。

英诗是二年级的课，还在一年级时，我就听高年级的同学说，朱先生的英诗有趣极了，可也难极了。先生要求非常严，不像有的教师只管在台上讲，听不听由你。朱先生常会讲着讲着，冷不丁叫起一位同学，要他朗读或背诵一首诗，回答一个问题，解释一句诗或一个词。考试题也出得既深又活，测验学生的理解和悟性，而不是简单地背讲义，因此不容易得高分。对不用功的学生，他会毫不客气地给他一个不及格。我听了，不禁有些畏惧，却又有些跃跃欲

左起：朱光潜、陈源、刘秉麟夫妇及女儿

试，准备着面对一枚味美但难啃的坚果，一道不易通过的险关，一座需要拼搏方能攀登的奇峰。

1942年秋，我怀着忐忑而又兴奋的心情，第一次上朱先生的课。武大的文法学院是借用城中心古老而雄伟的文庙。进得大门牌楼，迈上第二层台阶，左右各有一间小屋。右手一间，是刘永济先生讲词选的教室，而左手的小屋，便是朱先生讲英诗的教室。上课铃刚响完，瘦小清癯却神采奕奕的朱先生面带微笑，快步走进课堂，用他那安徽口音颇重的深沉有力的颤音，向我们开讲英国诗歌。我发现，他既不苛厉，也不严峻，而是满腔热忱。他的声调，他的眼神，他整个的人，散发出一股热流、一种殷切，仿佛迫不及待地要把他的满腹学识，他对英国诗歌的深刻理解，如气功师发功一般传达输送给下面的学生，带领他们一同进入那座花木葱茏的园地，领略其间的无限风光。我一下就被他的讲课深深吸引了。对于一个渴望开阔眼界、获得美感体验的青年，这是多大的愉快和满足啊。我在当天的日记里写道："朱先生的英诗课果然讲得好，上他的课，是一种快乐。"

在物资匮乏的战时，书，尤其是外文书，是十分难得的。但武大图书馆却有相当丰富的藏书。这要感谢迁校的组织者，把全部图书馆藏书装箱、车载、船运、人抬，带进了峨眉山脚这座偏僻的小城，否则教师将做无米之炊，学生将无书可读。那时，学生中拥有个人藏书的寥寥无几。不过上英诗课，我们却人手一卷《英诗金库》（Golden Treasury），自然是翻印本。朱先生就用这本诗集作教材，从"金库"中挑选出最璀璨的珠宝，一一呈现在我们面前，手把手教我们如何去欣赏。你感到，他像个酷爱珍品的收藏家，自己对这些人类心灵的结晶怀着何等深厚的爱心，又多么希望把这份爱

朱光潜先生家庭照

传授给一代又一代青年学子。每当学生心有灵犀、有所领悟时，他喜形于色，像遇到了知音。对那些程度既差，又不把读书当回事的学生，他是不留情面的。他曾对一个考了三十多分的学生说："你还是把英诗先放在一边，把普通文法拿来看看再说吧。你连基本文法都懂得不够。"

朱先生是位有灼见的美学家。他对英诗的赏析，自然体现并贯穿着他的美学观点。可惜我不谙此道，无法从这个饶有意味的角度来回顾他的讲课。我只是直观地感受到并且自然地感染上了他的这种情愫。艺术，是多少超越理性难以言喻的美感体验，欣赏一首好诗，如同欣赏音乐或图画，似不必也不宜像解剖一只麻雀那样用冷冰冰的理论和公式来衡量。对一个名篇、一个名句，可以允许各人有自己的理解和领会。哪怕只有一星半点的领会，也不妨碍产生某种共鸣，获得美感享受。朱先生虽也给我们浅易地讲解英诗的韵律格式等基本知识，介绍每一首诗的艺术技巧和思想内涵，但我觉得，这不是他教学的重点所在。他主要是教我们闭目凝神，努力去再体验诗人所曾体验的感觉：用内在的眼去看诗人的所见，用内在的耳去听诗人的所闻，用内在的舌去品味诗人所尝到的百般滋味。于是，一首诗不是批评家笔下被分解的一张图表，不是电子计算机所显示的数据，而是一幅绚丽的画，一支悠扬的歌，一枚充溢着甜美汁液的浆果。于是，一首诗不再是一个外于我们的客体，而是渗进了我们的主观，与之交融混合，根据我们理解的深浅，为我们的内在感官所接纳、所吸收，化为我们个人精神世界的一部分。我的这个体会是否合乎实际，我不敢说。朱先生也已故去，无法得到他的验证。但我回想起来，似乎是这样的。

对我来说，确乎如此。朱先生给我们讲过的那些不朽的名篇，如雪莱的《西风颂》、《诗人的梦》；济慈的《夜莺颂》、《秋颂》；渥兹华斯的《致云雀》、《致布谷鸟》、《水仙》、《致雏菊》、《致玛格丽特的悲伤》、《在西敏桥上》、《在海边》，丁尼生的《泪，闲愁的泪》……经过几十年风雨的磨蚀，词句大都已淡忘，但某些点滴的印象和意境，却依然存留。那掠过长空的云雀的欢歌，溪边金星万点的水仙，鬼魂般纷纷逃逸的晚秋落叶，大海的永恒涛声，辉煌的落日，都随着朱先生那颤抖的吟诵声，深深植入了我的心田。

在群芳争艳的英国诗人中，《英诗金库》的编选人似有所偏爱，那就是湖畔派诗人渥兹华斯。他的诗共选了四十余首，在收入诗集的一百多位诗人中居于首位，超过了莎士比亚和雪莱。渥兹华斯似也是朱先生情所独钟，虽然他从不曾明说。其他著名诗人的诗，朱先生一般让我们选读二三首代表作，而渥兹华斯的诗，几乎篇篇都读。当朱先生朗读这位田园诗人的诗时，可以感觉到一种深深的陶醉。这陶醉，也感染了我们，培育了我们对大自然一草一木的钟爱，使我们在世事的纷扰中，获得悠然见南山的恬静，使我们淳朴的天性多少得以保全。正如渥兹华斯自己说的："我通常都选择卑微的田园生活作题材，因为在这种生活里，人们心中主要的热情找得到更好的土壤，能够达到成熟的境地，少受一些拘束，并且说出一种更淳朴有力的语言……因为在这种生活里，人们的热情是与自然的美而永久的形式合而为一的……他们很少受到社会上虚荣心的影响，他们表达感情和看法都很单纯而不矫揉造作。"被尘心俗念污染扭曲而患病的天性，只有在与大自然的亲密交往中才渴望得到康复。我想，这或许是渥兹华斯给我们的有益启示。我相信，在这方面，朱先生和渥兹华斯必定是息息相通的，他必定从这位诗人身上汲取了精神力量，使他在漫长的人生道路上，无论身处顺境或逆境，都能保持豁达的胸襟，超脱、淡泊的情怀，乐观、积极的态度。

丰子恺留言

■ 丰子恺为小滢题画

■ 丰子恺（1898—1975），著名漫画家、文学家、美术家、翻译家和音乐教育家。初名丰润，后改名丰仁，字子恺。浙江桐乡石门镇人。

父亲的乐山行　丰一吟

父亲以《努力惜春华》这个题目作的画，我至少见过四个品种：有的画一个男孩浇水；有的画一个女孩和一个男孩一起浇水。都是画在宣纸上的册页。

当我收到百花文艺出版社编辑高艳华发给我的画在128开活页纸上的这幅《努力惜春华》（一个女孩浇水）时，我惊呆了。从来没见过父亲画过这样小的画呀！什么时候画的？在哪里画的？画给谁的？——一连串问号在我脑海中出现。可是细心而又热心的艳华很快就为我解答了问题。她把朱光潜先生那篇也是写在小活页册上的文字以及吴令华先生一篇回忆文都发给了我。

啊！真相大白！

我知道抗日战争期间父亲曾于1943年2—4月去过泸州、自贡、五通桥和乐山。我也知道他访问过朱光潜先生家。可是，在何地何

丰子恺先生　　　　　　　　丰子恺、丰一吟父女1944年在重庆沙坪坝

时，不甚了了，以致在编丰子恺年表时无法列入。这次全靠艳华的牵线，我弄清楚了这个藏在我心里二十多年的谜团！原来访问朱光潜先生是在乐山。其实我如果查查朱先生的年表，这个问题就会迎刃而解。但自从我从事丰研工作以来，好像做不完的事，就一直没往这方面去想。现在不仅搞清楚了地点，还有了明确的日期。

　　原来父亲作这幅"微型画"是1943年4月6日晚上与朱光潜先生一起在陈源先生家。这就可以知道他与朱先生相聚正是这个时段。据说朱光潜先生当时是武汉大学教务长，陈源先生是武大文学院院长。4月6日那天，两位老友一起访问陈源、凌叔华夫妇，并为他们的爱女陈小滢作了这幅画。这件事我还真是闻所未闻啊！

　　这位陈小滢现在英国，我真要感谢她把这幅"微型画"保存到了今天——整整64年！人生绝大部分活不到两个64年而只有一个64年，怎么能不"努力惜春华"呢！？

　　父亲喜欢画这幅画，因为它能鼓励年轻人奋发图强。我多年来一直把父亲写的陶渊明诗句"盛年不重来，一日难再晨，及时当勉

1945年丰子恺与幼女丰一吟在梅兰芳寓所前留影。
左起：梅兰芳、丰子恺、丰一吟

励，岁月不待人"作为自己的座右铭。可是我觉悟已经太晚了。所以我更体会到必须"努力惜春华"。

没见过面的小滢，谢谢你让我看到了这么宝贵的这幅"微型画"！

愿我们的年轻人都像这幅画里所画的那样浇灌心灵里的春花，珍惜自己的青春！

丰一吟
2007年6月19日于上海

丰子恺先生的一幅画　　吴令华

一次老同学的聚会上，陈小滢拿出她珍藏六十余年的纪念册。这是我们那时代青少年的时尚，自己动手用五颜六色的彩纸做一个厚厚的本子，在行将毕业或离别时请师友们题字作画，内容大都是祝福、鼓励和叙情，留作永久的纪念。也有一些是父执或师长的题词，体现对晚辈的关爱。我们那时人人都有一本，十分珍爱。随着时局变化，许多人的纪念册都流失了。小滢是有心人，她的纪念册完好保存至今，并带来给我们欣赏。时过境迁，白发老人重温少年情怀，自是别样感触。我趣味盎然地翻着，玩味着十三岁的我写给她的稚嫩的文字。忽然，一幅儿童画跳入了我的眼帘：

作者简介：丰一吟，1929年生于浙江石门（今桐乡市）。丰子恺先生的幼女，翻译家，退休前任职于上海社会科学院外国文学研究所。上海作家协会会员，上海翻译家协会会员，上海市文史研究馆馆员。退休后主要从事丰子恺研究工作，并善作仿父画。

一个女孩举着喷壶，正为一盆刚出土的嫩苗浇水，她做得那样认真，生怕幼苗经受干渴；这样专心，期望幼苗快快长大。右侧题字："努力惜春华"，左边书款"子恺"落印。

整幅画构图简洁，童心童趣，充溢纸间，透出生机无限。我们这一代人，是读着丰子恺先生的画和文长大的，他的画总激发我对一切美好东西的向往与热爱，如今年逾古稀，此情不少衰。我忙问小滢，这是丰先生什么时候画的？可惜小滢不记得了。幸好紧接着一页是朱光潜先生的题字：

> 小滢，今晚你看见萧先生开药方，丰先生画画，丰先生似乎比萧先生更健旺快乐。假如你一定要学医，也不要丢开你所擅长的文艺，文艺也是可医人医自己的。

> 你爸爸妈妈的朋友 光潜 卅二年清明

这样，时间地点都清楚了。时间是1943年4月6日晚上，地点在四川乐山陈源、凌叔华的寓所。当时小滢父亲陈源是武汉大学的文学院长，朱光潜是武大教务长。萧先生是数学系的教授萧君绛，中医医术甚高，慈悲心肠，忧天悯人，常义务为同事看病，当时武大的员工家属有了病都找他，他也曾多次为我父母和我看过病，忙得不亦乐乎。可惜在我父亲逝去不久（1944年），他也谢世了。小滢说那时她姑姑病重，所以请萧先生来看病、开药方，与丰先生相遇。但是，我们仍没搞清楚的是：丰子恺先生是从哪里、为什么来到乐山，以及他在乐山的行止。仅仅知道，他拜访了陈源、凌叔华，并为他们的独生女画了一幅画，勉励她珍惜青春年华。

我们当时都觉得小滢得天独厚，继承了父母的文艺才能，但小滢却宣称她将来要当医生。于是鼓励者有之，惋惜者有之，也有人压根没把一个十三岁女孩的志愿当回事。朱光潜先生的题词正是在这背景下写的，表现出对晚辈的充分尊重与殷切期望。是啊，行医和文艺，都是高尚的事业。小滢有文艺的才能，有学医的志向，那么，看看丰先生和萧先生，哪个更适合些？园丁浇灌春苗，春苗还是靠自己的力量才得成长。认清自身禀赋，珍惜青春年华，朱先生的话为丰先生的画作了很好的注解。两位前辈密切配合，含蓄婉转，循循善诱，天衣无缝，不愧是教育大家。他们对后辈的引导，可供今日家长们参考。

不久，陈源奉派到美国宣传中国的抗日活动，以后调中英文化协会工作，常驻伦敦。1946年，小滢随母亲凌叔华到英国与父亲团聚。她最后没有当医生，还是从文，曾在BBC工作。她的夫君秦乃瑞先生是英国汉学家。他们都为促进中英友好而努力。今天我们看到小滢为了她珍藏的纪念册的出版所做的一切，所给当代读者的心灵爱护，也体现出她对于晚辈的希望。

方令孺留言

在你小时候你
还很小很小……难
说你现在长大?
希望你将来成为
伟大的人。

方令孺

■ 见你的时候，你还很小很小，听说你现在长大了，希望你将
来成为伟大的人。

方令孺

■ 方令孺（1897—1976），安徽桐城人。新月派著名诗人。
1958年至"文革"前，任浙江省文联主席。

"清溪涓流" 章洁思

方令孺先生，曾被她的朋友、复旦大学教务长孙寒冰先生评价为"清溪涓流"。而她与我父亲靳以长如流水的友谊，正是始于该校，始于1939年春。那时父亲从孤岛上海来到重庆不久，两袖空空迫于生计始执教鞭。在重庆菜园坝的复旦大学分校，他邂逅了同在一起授课的方令孺。家中的相册里至今还保存着当年方令孺送给父亲的两张照片，背面都题着字，一张写着"二十八年四月十二日摄于重庆重庆村　是并始识靳以　赠此以作纪念　令孺"，另一张写着"二十八年夏缙云山上　二十九年冬持赠靳以　令孺　白蒂"。照片上的方令孺先生一如既往，一袭深色旗袍，头发绾成两条长辫盘在头上，独立于山间树丛之中，气质十分儒雅。

我很想念方令孺先生，她不仅是父亲的好友，还是我的"大大"。"大大"是她本籍安徽人对外婆的称呼，其实，我还是她挎着食物篮催生出来的。我仿佛看见，在那1944年的早春，在重庆

方令孺先生

　　嘉陵江畔的北碚，孑然一身的她，揣着一颗对友人的热心，天天挎着食物篮，为躺在医院里等待生产的年轻的母亲送去各种可口的食物。她告诉我的父母，说这叫"催生"。我也仿佛看见，当我开始在母体内躁动之际，她怎样含着眼泪，向我的父亲叙说了她在国外孤苦一人生养孩子的痛苦。就是她的这一席话，留住了欲搭乘最后一班渡船回校的父亲；也就是这样，令我在初到人世的一瞬，见到了三位亲人关爱的目光。

　　我的幼年，伴随着嘉陵江波涛拍岸，黄桷树叶儿沙沙，有多少回忆驻留心间！那时，在我们居住的复旦新村的土坯房家中，在父亲的书桌前，有一张专为她准备的专座，那是我家最好的一件家具竹躺椅。她因为住在北碚，来复旦授课就要过江，于是必来我家。她在我家吃饭，休息，与父亲谈天，她是我们全家的好朋友！这样的习惯，从重庆一直延续到上海，甚至在她以后调去杭州工作，我们在上海的家，仍然是她的憩息地。我记得自己常常坐在她的身边，饶有兴趣地看她梳理长长的发辫，然后整整齐齐盘在头上；还有她去参加外事活动前仔仔细细换衣服的情景。从我有记忆起，她的口袋里，总会像变戏法似的变出：五光十色的小珠子，小泥人，小手绢……给我很大的惊喜。于是父亲就送她一个雅号："老奶奶作风"。

父亲去世后，她常来上海过年，除夕饭后，她总要来我家坐上很久，不忍离去。虽然那时家中已"今非昔比"，房间缩小，客厅用布幔隔开。虽然有人为她安排豪华的旅舍，有华美的宴席和身居高位的朋友在等她；但她坐在我家的圆桌边，喝着茶，聊着天，真情地告诉我们，她就是喜欢我家的气氛，那是一种家庭的温暖。也正是那么一个夜晚，她嗫嚅地对我们叙述，她到北京开会，特意跑到清华大学，去看望刚失去父亲的我的哥哥。她想对他说几句安慰的话，然话到嘴边，却说不出来。她又想给这个朴素的大学生一点钱，可钱攥在手里，又不知该如何拿出来。面对挚友的孩子，她承受着对逝者彻心的怀念及伤痛。就这样，她充满孩子气真诚地对我们说呀说，圆圆大大的两眼蓄满泪水。啊，这不是一天两天能够积聚起来的感情，这是几十年岁月存在心中沉甸甸的情分。她是位诗人，她天生看重情分。

1961年的早春4月，我有机会去杭州小住了十天。记得火车刚靠站，就见她笑容满面等在站台。她在杭州，主持浙江文联的工作，已有好多年了。当初为了去不去杭州，她没有少和父亲商量。在复旦大学工作了那么多年，对学校，对学生，对朋友，以至于对那栋住惯了的徐汇村的平房宿舍，她都有割舍不下的恋情。这是否又是她诗人气质的一种表现呢？父亲劝了她很久，也安慰了她很久。于是，她依依不舍服从了组织的调动。如今，她早已习惯了新的环境，也交到了新的朋友，但对于我们的到来，她欣喜溢于言表。

那几天，当人们还沉睡梦乡，她已领我在花港四处溜达。她说："听呀，清晨的鸟儿叫得多么好听，它们正在互相谈话呢！"当看见叶儿花朵盛满晶莹的露珠，在初升的阳光下闪闪发光，她又对我说："那些睡觉的人多不值呀，他们错过了如此良辰美景。"记得那天，我们踱进长长的竹廊，我们在竹廊两边长长的竹椅上坐下，她又指着廊子上的一个个方框让我朝外看。她说："这些方框就是天然的镜框，每一个方框所框成的风景，就是一幅最美的油画。而且，你只要稍稍变换一下角度，又有一幅新的油画出现。看，那么多美丽的油画蜂拥在你面前，多美呀！"我们就这样，沐浴在清晨大自然的阳光中，欣赏着眼前一幅幅层出不穷的美景。记得罗丹曾有一句名言："美是到处都有的。对于我们的眼睛，不是缺少美，而是缺少发现。"正是大大，用她那善于发现美的眼睛，把我的眼睛，引向美的世界。

她的家在白乐桥，位于灵隐寺附近，那是一处幽静的院落。那天，我们喝完茶正欲离去，她却神秘地走向后门，门开之处，一座小桥连接门口，桥那边远山青天，四周林木苍莽。风儿穿过树叶在轻吟，鸟儿婉转在歌唱……

我们站立桥上，听桥下溪水潺潺，见一股股清溪涓流欢快奔跑，不觉心旷神怡。

啊，多么美的诗意景象，多么美的清溪涓流！

这就是我的大大，方令孺先生，一位文坛上留过足迹的新月派女诗人！

2007.8.15

陈克恢、凌淑浩夫妇留言

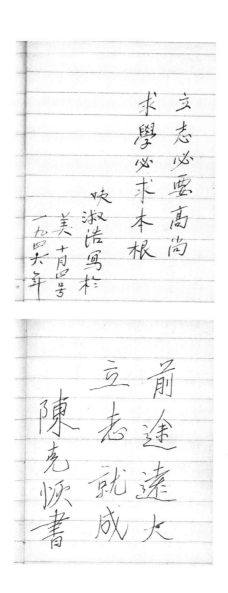

立志必要高尚
求學必求本根

凌淑浩寫於
美 十月四号
一九四八年

前途遠大
立志就成

陳克恢書

上 立志必要高尚，求学必求本根。

姨淑浩写于美

1946年10月4号

下 前途远大，立志就成。

陈克恢书

■ 陈克恢（1898—1988），中国药理学家，中药药理研究的创始人。

■ 凌淑浩（1904—2007），凌叔华的胞妹，上世纪二十年代留美高才生，医学工作者。

我的姨和姨夫

"立志必要高尚，求学必求本根"是非常好的学习态度，我觉得可以为当代学生的座右铭。这是我母亲的胞妹，我的亲姨写给我的。我姨活了103岁，今年年初在美国去世。她与母亲性格不同，往来极少。陈克恢是我的姨夫，是抗过敏疫苗的发现者。后来去了美国，他中年以后的研究专利就更多了。我与姨淑浩的来往不是很多，就在去英国经美国转船时去了她的家。那时她家因为装有空调而门窗紧闭，我这个从乐山来的"野孩子"哪里受得了？以下将我的外甥女萨沙（中文名魏淑凌）的两篇文章，介绍给读者。她是我姨凌淑浩的外孙女。萨沙为了研究凌家做了十五年的中国文化考察，走了中国很多省市做实地研究。真是下了工夫，是"求学必求本根"的实践者。

关于凌家两姐妹的名字　萨沙（张林杰译）

凌叔华是我外婆艾米·凌·陈的姐姐，用凌叔华和艾米·凌·陈两个名字，这是把这两姐妹区别开的一种办法。"凌"是她们从父亲那里继承下来的姓氏，刚上学的时候，父亲给她们分别取名为"淑华"和"淑浩"，作为同一辈分的孩子，他给她们取的名字中第一个字是相同的，两个人的"淑"字写法都一样。左边有三点水偏旁的"淑"字，意思是善良的、温和的、淑女般的，水意味着纯洁、流动以及温柔。而没有水字偏旁的"叔"字，从字面上说是指父亲的弟弟，暗示着更多的男性气质。凌叔华发表作品的时候在她的名字中使用了后一个字"叔"。她的"华"字既可被翻译成有才华的或宏伟华丽的，又与中华的"华"相关。凌淑浩写自己的名字时，用的是带有水字旁的"淑"，她的"浩"字也有水字偏旁，指宏伟、宽阔、盛大。叔华的名字中带着血性和对国家的责任感，淑浩的名字中则包含着宽阔无边的海洋。后来，她用艾米取代了这个名字。

追忆似水年华　萨沙（李宁宁译）

为了与时任中英文化协会主席的丈夫陈西滢团聚，凌叔华带着他们唯一的女儿陈小滢从战时的四川乐山启程，踏上了远赴英伦的漫长旅途。1946年，在她们抵达目的地之前，曾经过美国，与移居此地多年的妹妹淑浩一家小聚。

自1929年起，我的外公陈克恢、外婆凌淑浩就在美国中西部

凌叔华、凌淑浩二十世纪二十年代与协和的外籍教师留影。
左一凌叔华、左三小滢的外祖父、左四凌淑浩

1930年凌淑浩与陈克恢在学习

的印第安纳波利斯住了下来，他们和远在中国的家人已经分开二十余年了。当他们的外甥女小滢展开她小小的纪念册时，外公、外婆欣然在上面写下了鼓励其立志高远、刻苦求学的话语。虽然二人都用中文写下了自己的鼓励之词，但如同许许多多美国移民的座右铭一样，其中所传达的精神似乎有了美国意味。他们追寻着自己的梦想，渴望着通过努力在这片土地上取得成就。

我的外婆是凌叔华的妹妹。两人是凌家最小的孩子，也是在"五四"运动带来的社会变革中深受影响的孩子。受到现代"职业女性"的启示，姐妹俩寻求着父辈们无法想象的独立生活，而她们各自从事的职业——文学、医学也将她们置于当时思潮论战的中心：科学改革，文化改革，哪个能够救国？1923年，凌叔华鼓足勇气给燕京大学讲师周作人写了一封信："我大着胆，请问先生肯收我做一个学生不？中国女作家也太少了，所以中国女子思想及生活从来没有叫世界知道的。"不到一年，她发表了第一篇小说，并以短篇小说作家的身份跻身于小说家的行列。而她的妹妹凌淑浩则立志做一名医生。外婆曾对我说，她最初的愿望是改善妇女的健康状况。为了让我了解更多，她问过："你知道以前女人是怎么生孩子的吗？她需要两个人帮她，一个人抓住这条胳膊，另一个人抓住那条，然后，她就可以拼命喊叫了……可我觉得总应该有更好的方法。"她计划着在将来开一家自己的妇女诊所。

1922年，外婆考入了北平联合医学院，学习三年的西医。在第二年，一个年轻的药理学讲师跃入了她的视线：一尘不染的白大褂，细致的讲解，海外资格证书，这些都给外婆留下了良好的印象。另一方面，陈克恢，这位来自上海郊区农村的年轻讲师，这位曾在威斯康辛大学就读五年，获得了生物化学及生理学两个博士学位的青年才俊，也特别注意到了这位名叫凌淑浩的学生，被她的坚持和聪慧所打动。当他邀请凌淑浩共进晚餐时，淑浩竟出乎意料地转而邀他去家里喝茶。久而久之，教室外的非正式探访变为了一种固定的习惯。一天下午，两人喝茶之际，陈克恢谈起清华大学即将面对全国女性举行的留学考试，届时，前五名学生会获得去美国学习的奖学金。他鼓励淑浩报名参考，并主动提出第二天去清华讲课时帮她取得相关表格。他肯定地表示，淑浩不逊于其他任何一个人，完全有可能获得这个机会，并说，自己正计划于夏末返回威斯康辛大学。

那个决定命运的下午过后不久，载着外婆的黄包车进了清华校园。她住在暑期空出来的男生宿舍里。连续五天，外婆参加了数学、自然科学、中文、英文及世界史的考试。七月，淑浩在上海码头与姐姐叔华挥手告别，登上了去美国的渡轮，同行的还有其他四名女性奖学金获得者。十七天后，她们的船在西雅图靠岸。之后，外婆坐火车来到位于克利夫兰的西储大学，进入该校的医学院。三年学习期间，身在威斯康辛州麦迪逊城的外公一直不间断地给外婆写信。当他们又一次在夏天重逢时，外公提到了婚姻问题，但是，外婆没有直接回答，只说，在自己完成学业前是不会考虑此事的。

后来，外婆告诉我："我不是去美国结婚的。要是我想结婚，完全可以留在国内！"

　　1928年，即将毕业的凌淑浩来到匹兹堡，在北宾夕法尼亚医院实习，那是一个拥有六百个病床的庞大教学机构。与此同时，陈克恢从麦迪逊搬到了巴尔的摩，在那儿的约翰·霍普金斯大学获得了医学学位，并留校教授药理学，继续麻黄素药理作用的研究，那是外公利用中药来源于植物的麻黄制成一种命名为ephedrine的西药。此外，陈克恢继续看望住在匹兹堡的那名昔日学生。一年后，完成了学业的淑浩终于接受了他的求婚。1929年7月15日，他们在巴尔的摩小教堂举行了婚礼，随后，二人驱车四天来到了印第安纳波利斯。当地一家药物公司的创始人埃里·勒里（Eli Lilly）始终关注着外公对麻黄的研究，并任命他为正在逐渐扩大的勒里实验室的首席研究主管。

　　外公、外婆在坐落于农业大州印第安纳州中部的印第安纳波利斯住了下来，当时，那还是一个没有任何华人的中等城市。他们原本只打算在此住上一两年。外婆仍旧怀着回国开设诊所的梦想。然而，一年变成了七年。1936年，他们带着两岁的长子，我舅舅道元，踏上了回国的旅程。那是他们唯一一次回到中国。他们向亲朋表示想要留在北京，然而，由于日寇疯狂的入侵和一触即发的战争阴霾，所有人都认为，对他们来说，留在美国更加安全。

　　此后十年，凌叔华和女儿陈小滢再也没有见过他们，直到二人抵达印第安纳波利斯。那时，我妈妈美芳只有八岁。每晚，电台中有关战争的报道会随着那个低沉的声音飘入他们的起居室，美芳就是听着这样的战争报道长大的。可尽管如此，她还是如此难以了解，战乱年代中，姨妈和表姐在中国西南所经历的事情。而英语还

凌叔华与凌淑浩

不流利的小滢也无法对离开乐山以及接下来的旅程多作解释。几十年后，我的表姨小滢用纯熟的英语对我讲述她是怎样把想随身携带的东西缝进大衣里面。她和母亲登上从乐山开往重庆的卡车，那件藏着宝贝的大衣沉甸甸地压在小滢的双肩上。我想象着，在那些裹着她身躯的信件、图画、照片中，也应该有那本纪念册，她拿出来让我外祖父母写下词句的那本纪念册。

　　七十多年前，凌叔华买了一个小小的手册，几十年来，空白的手册在朋友间传递着，借着他们文学家、艺术家的手，将那些书画、诗歌一点一点收藏其中。女儿陈小滢的纪念册里也有着一份相似的收藏。不过，它所珍藏的则是一段不同寻常的旅程，一个女孩被迫离开她唯一了解的故国，从此完全脱离了生长的土地。在乐山，她和两个女伴曾试图加入青年志愿队，虽然她们的年龄还太小。她给远在伦敦的父亲写信，如此解释这个决定："国家给予我生命，培育了我，我要把生命还给国家，将血肉之躯供置在祭坛上，以生命的代价，争取国家的生存。"如今，我只能想象着，当她穿越了半个地球，到达印第安纳波利斯时的迷茫与困惑。我的外祖父母是在那儿住了多年之后才有了家的感觉呀！

　　尽管外公有时会非常严肃，但他最突出的性格却是与生俱来的谦逊。此外，他还有着敏锐的科学头脑，并坚信，只要努力，就

本文作者萨沙

会成功。我猜想，在外公写下"前途远大"四个字时，一定于他外甥女身上看到了年轻时的自己，他希望可以鼓励外甥女在新的国度里，充满自信地面对陌生的生活。从表面上看，外婆的题词似乎直截了当地说明，学习的价值在于有所成就。对于任何一个青年来说，这无疑是实际的。但第二句"求学必求本根"，则是一个离家求学的年轻女子的求知主张。她一心求学，却不知，这条道路早已把她远远地带离了养育她的故土。

1990年，我来到了小滢表姨在苏格兰爱丁堡的家。我去找她的想法源自外婆给我讲的故事，描述她遗失在中国的青春往事。小滢不仅给了我一本叔华姨婆的自传，还与我分享了那些过去的故事。当我发现叔华和淑浩这两位姐妹的回忆录有不小的差异，我就更加想去了解我家庭的根。而小滢表姨讲述的往事则丰富了我的书稿。因了小滢表姨的鼓励，我开始了一段时空旅程；同样，因了她的鼓励，我来到中国，在此，我学到了任何其他方式都无法教给我的中国历史。对她的帮助，我会永怀感念之心。

2007年8月于美国西雅图

作者简介：萨沙，1969年生，小滢的外甥女，小滢母亲凌叔华胞妹凌淑浩的外孙女，现在美国华盛顿大学社会学系任教。

景宋（许广平）、陆小曼、赵清阁留言

多才多艺
博学和平
像科们的先生
一样。

小莹妹。

景宋

最是那一俯头的
　　温柔；
像水莲花不胜
凉风的娇羞，
道一声珍重；
道一声珍重；
那一声珍重裹有
蜜甜的忧愁——
陆小曼写给小莹妹

为文艺献你全部的心
血；
为民族的繁荣，把你毕
生火中烟炎彩在代的忘忘！
祝
小莹小妹妹成功
赵清阁
卅五，八，卅九

■ 多才多艺，博学和平，像我们的先生一样。

　　　　　　　　　　　　　小莹（滢）妹妹

　　　　　　　　　　　　　　　景宋

■ 最是那一低头的温柔；
　像水莲花不胜凉风的娇羞，
　道一声珍重；道一声珍重；
　那一声珍重里，有蜜甜忧愁。
　陆小曼写与小莹（滢）妹一笑。

■ 为文艺，愿你（步）令堂的后尘；为民族的复兴，愿你
　步历史巾帼英雄的后尘。祝小莹（滢）小朋友成功。

　　　　　　　　　　　　　赵清阁

　　　　　　　　　　　　　卅五、八、廿四

■ 许广平，字景宋（1898—1968），现代女作家、著名社会活动
　家，鲁迅先生的夫人。广东番禺人，祖籍福建。

■ 陆小曼（1903—1965），画家，徐志摩夫人，建国后担任上海文
　史馆馆员，上海市人民政府参事室参事。

■ 赵清阁（1914—1999），现代著名作家。河南信阳人。

[亲历]

前辈的希望

景宋就是鲁迅夫人许广平。因为我母亲教过她，所以她称我母亲为先生，她与我十四姨是同班同学。我与她没有直接接触过，她的题字是希望我像母亲那样多才多艺。我小时候画画也不错，但是抗战使我就想参军保卫国家。后来想学医，救死扶伤。所以当年他们和朋友给我写的许多祝愿都是说到学医的问题。至于他们三人题词的具体过程我没有印象，可能是母亲在她的社会活动中得到的。今天读到这些，前辈的殷切希望真是令我感动，并希望成长中的当代青年人从中受益。

[旁观]

女作家们的祝愿   吴令华

抗战胜利以后，迁到大后方的学校纷纷准备复建。小滢的父亲

许广平（景宋）　　　　陆小曼　　　　　　赵清阁

陈源早在1943年就离开武大远赴海外，后到伦敦主持中英文化协会工作，又任驻联合国教科文组织首席代表。这时小滢的母亲凌叔华决定携女赴英团聚。由乐山，而重庆，而北平，到上海，等船去美国转英。旅途漫漫，小滢珍爱的纪念册始终陪伴着她。她告诉过我这样一个笑话：由渝飞平时，怕行李超重，她穿了许多重衣服，又将好几本书（其中就包括这三本纪念册）都揣在身上，以致过磅时，别人都惊奇这瘦小的女孩怎么这么重啊。

上海是文人聚集的城市，这里有许多凌叔华睽别已久又即将分离的老友，她将小滢安顿在亲友家，自己则忙于访友告别。她知道小滢喜欢请名人题字，便带上小滢的纪念册，为女儿代求，以了却孩子的心愿。如许广平（景宋）、张充和、沉樱（二十世纪著名作家、翻译家）等，都题了字。张充和是苏州有名的张家四姊妹之幼，其才艺据说还在诸姊之上，诗词曲文、书画音律样样精绝。她曾到珞珈山，见过幼年小滢，从她风趣的题词中我们知道，她还会对孩子变戏法呢！许广平的题词似有点费解："多才多艺，博学和平，像我们的先生一样。"此"先生"非他人，乃凌叔华也。原来许和凌是女子师范的同学，凌的班次比许高，后来凌进燕京大学，许入女师大，这期间凌曾在女师大授过英语，所以许广平尊凌叔华为"先生"。

1946年6月24日，在赵清阁家又有一次小小的女文友的聚会。陆小曼、许女士都去了，也许还有方令孺。凌叔华遂拿出纪念册请大家写一些话送给爱女。方令孺脑海中的小滢，还是个不懂事的小女孩，她写道："见你的时候你还很小很小，听说你现在长大了，希望你将来成为伟大的人。"赵清阁没见过小滢，对这个有文学基因的后生也寄予很大的希望："为文艺，愿你（步）令堂的后尘；为民族的复兴，愿你步历史巾帼英雄的后尘。"都祝愿小滢前程无量，成为巾帼伟人。陆小曼别开生面，写了徐志摩的一首小诗：

> 最是那一低头的温柔；
>
> 像水莲花不胜凉风的娇羞，
>
> 道一声珍重；
>
> 道一声珍重；
>
> 那一声珍重里，有蜜甜忧愁。

原诗最后一句"沙扬娜拉"，小曼略去了。"沙扬娜拉"（日语"再见"译音）也是诗题，原是1924年5月徐志摩陪泰戈尔游东瀛时写赠一位日本女郎的。从志摩清新隽永的诗句中，一位萍水相逢，连姓名也没记载的女子的形象在我们眼前鲜活起来了：谦恭的温柔，如莲的娇羞，那轻柔的一声"珍重"，引起诗人淡淡的惆怅和哀愁，也让我们感叹人生飘忽不定，世事无常。故此诗为人们反复吟咏，回味无穷。二十多年后，陆小曼给朋友的女儿题写这首诗，我想，除了对此诗的喜爱，对志摩的愧疚与怀念，也许还蕴涵

小曼先生要你珍重，我希望你珍重，在这万恶的社会里是不能忘了"珍重"这两个字的！

小莹（滢）未见面的小友

许瑾于

３５．８．２４于清阁先生寓所

有更深的意思。

陆小曼是二十世纪初的名媛才女，受过良好的教育，多才多艺，诗词曲赋、书法丹青、京昆歌舞、外语中文、社交言谈，样样娴熟。徐志摩是我父亲的表兄，我没见过陆小曼，只听母亲说过，文人见了陆小曼，没有不在心里暗自倾倒的。我看，她如能好自为之，成就不一定在同时期的诸才女之下。但她不知珍惜，不珍惜自己的才能，不珍惜已有的幸福，自怜自艾，滑入歧途，最后毁了心爱的人，也毁了自己。当她遇见多年不见的老朋友凌叔华，听说其女才华过人，也许不由得想起了自己的青年时代，她希望这聪明的女孩不要蹈自己的覆辙，又无法明说，故写下志摩的小诗，一再祝愿小滢"珍重"！在座的一位许女士读懂了小曼的心思，她的题词为之作了注解："小曼先生要你珍重，我希望你珍重，在这万恶的社会里是不能忘了'珍重'这两个字的！"记得那时候我们常听说，社会是个大染缸，对将要步入"染缸"的女孩，对即将离国远去的小滢，"珍重"这两字便是最好的寄语。

2007年8月于马虎居

端木梦锡留画

■ 端木梦锡在小滢纪念册上的题画

■ 端木梦锡（1899—2000），著名画家。中国美术家协会会员，致力于美术教育和创作七十余年。

端木梦锡与他的画永存　　皮公亮

端木梦锡是我的小学美术老师，他是1934年来到武汉大学附属小学任教的。当时我只有九岁，读小学四年级。端木老师平易近人，课余时间带我们打篮球，我们师生感情就是从那时建立起来的。1944年，我到四川乐山进武汉大学，1945年，他重返武大工作（武大迁四川后，附小停办，他已离开武大），担任庶务组主任，我们又见面了。1950年，他调到武汉市十五中任教。我从武大毕业后，也在武汉市工作，曾去十五中看望过他，一直保持着来往。

端木梦锡1900年12月29日出生于河北省（现河南省）南乐县一个耕读之家。1918年考取河北省第四师范学校，受教美术刘老师的影响，酷爱绘画。1929年，他考取北平美术学院，曾师从齐白石、王梦白、邵逸轩等大师学习国画，并临习故宫宋、元名迹。1939年，他在乐山离开武大附小后，去四川南虹艺专任教，结识了徐悲鸿、傅抱石等大师。徐悲鸿赞其国画清新俊逸，傅抱石借用其画《琵琶》、《海棠》两帧册页，以作教材参考。

端木梦锡将毕生精力，贡献给美术教育和国画创作事业。1932年，他在北平学习期间，就举办过个人画展，抗日战争期间，他在四川不少地方办过个人画展。抗战胜利后，1948年4月，由武大出面，在汉口合作路，举办个人画展。当时武大周鲠生校长题写了《端木梦锡先生画展特刊》刊名，特刊上登了苏雪林、李国平等教授的文章，对他的画品和人品给予了很高的评价。新中国成立后，他更是专心投入绘画和美术教育事业。他的作品获得了广泛的赞誉。特别是八十岁以后的作品，达到了挥洒自如、炉火纯青的境界。他先后到日本、新加坡、德国、中国香港等地举办个人画展，并即席挥毫，为弘扬与传播中国书画艺术做出了很大贡献。

武汉市为了保护这位名扬中国画坛的大师，安排他住进湖北人民医院高干病房，在相当长时间里，端木梦锡每天在医院里坚持作画，他告诉我说，这样可以锻炼大脑。作画的时候，还要安神运气，也算是一种运动吧！

端木梦锡先后在武大工作十年，对武大有一种特殊的感情，他与武大一些老教授一直有来往。1996年，他作了一幅画，寄给台湾的苏雪林，祝贺她百岁诞辰，苏雪林收到后非常高兴。回信说："一别四十余年，亲故凋零，幸喜我等尚复健在，前以贱辰，蒙惠赠古松一幅，气力遒劲，豪气干霄，九十多岁老人，有如此之腕力，知贵体健康愈恒，不胜欣慰，当托人付裱，悬之寒斋，蓬荜生辉矣！"

端木老师对我很信任，有重大事情都找我去商量。1995年11月的一天，他看到《长江日报》上刊登了武汉大学校友基金会成立的消息，马上写了一封信，派专人送给我，让我抽空到他那里去一趟。我很快就去了，他对我说："我看到报了，作为老校友，想为基金会做点贡献。"他要我出主意，如何与学校联系。我笑着告诉他："我就是刚当选的武大校友基金会的理事。"他高兴地说："那我找对人了。"他想捐一百幅画给武大校友基金会。按照他的想法，我代他起草了一封信，给当时武大的校长陶德麟，他签上名后，由我转给了陶校长。我陪他一起去武大，参加了捐赠仪式。这一百幅画拍卖后，武大校友基金会设立了端木梦锡奖学基金。1998年，武汉大学出版社出版了印得很精美的《百岁老人端木梦锡书画选集画册》，端木梦锡看到自己一生辛劳的创作选印成画册，高兴得一夜没合眼。他的夙愿终于实现了。

我几乎每年都到医院去看望端木梦锡老师。他当年的学生，从台湾回来的周幼松（原武大校长周鲠生之子）、从英国回来的陈小滢（原武大文学院院长陈源之女，本书讲述者），我都先后带他们去拜望过他。端木老师八十五岁寿辰时，我同查全性（原武大理学院长查谦之子）、刘辰生（原武大数学系教授刘正经之子）等一起，专程去贺寿，报纸上还作了报道。

我每次去医院看望他老，他只要看到我出现在病房门口，就高兴地鼓掌说："公亮，你又来看我了！"1999年12月上旬的一天，我与查全性约好一同去祝贺他老百岁华诞。这次我发现端木老师与以往不一样，反应有些迟钝了，他坐在沙发上，我们走到他身边，他好像没有看见我们似的。我叫了他一声，他茫然地望着我说："你是我的学生？"我自报姓名，他很快反应过来，笑着说："公亮，好久不见了。"停了以后他又问："茂舒（我原配妻子）走了几年了？"我说："六年了。"他接着说："好快啊，我当时是她

1999年12月查全性（右）
与皮公亮（左）前往医院
祝端木老师百岁诞辰时的
师生合影

的班主任，她成绩很好……"这些说明，端木老师的思维还是很清楚的。他看到我们很高兴，有说有笑。他诙谐地对我们说："山中难有千年树，世上难有百岁人，我已超过一百岁了。"接着又说："人生七十古来稀，我已活到一百零一。"我们祝端木老师好好保养身体，临别时，他一定要送我们到电梯口，虽然有一个小保姆在照顾他，他坚持不要小保姆扶，我默算了一下，从他的病房到电梯口，约七十多步，我们一方面为他身体的硬朗感到欣慰；另一方面，又为百岁老人送晚辈于心不安。我们到电梯口握手告别，谁知这次分别竟成了永诀！

2000年8月12日，端木梦锡在医院谢世。14日上午在武昌殡仪馆举行告别仪式，我一大早从汉口赶赴武昌，向我尊敬的老师行了三鞠躬礼，作最后的告别。

端木老师虽然离开了我们，但他留给后人极为宝贵的财富，将流芳百世。

2007年9月写于武汉

方心安留言

居天下之廣居
立天下之正位
行天下之大道
方心安

會當臨絕頂
一覽眾山小
小瑩天資穎敏 前程遠大
書此勉之
心安 一九八四
六月六日

居天下之广居，立天下之正位，行天下之大道。

方心安

会当临绝顶，一览众山小
小莹（滢）天资颖敏，前程远大，书此
勉之。

心安
1944.6.6

方心安（1902—1970），名壮猷，字欣安、欣庵、心安，武汉大学著名教授，历史学家。

[亲历]

说说方家

方伯伯我回忆不起来很多，但是方心安伯伯的几个儿子我都很熟，其中一个还是我的把兄弟呢。大哥在空军，当然已经退休；老二克定在国家行政学院退下来以后，又被聘为国土资源部部长顾问，老三曾任中国科学院研究生院的院长。方伯伯的两个儿子都在我的纪念册上题了字。当年我在抗战胜利之夜写给父亲的信中还提到了他们曾经和我一起高举火把跑到街上游行的事。克定爱人黄民智女士在为本书找父亲相片的时候，来信对高艳华说：

　　方老先生分居三地的四个儿女，他们都很感谢作者和编辑投入这本回忆录的热情和劳作。回想1937年"七七"事变后武汉大学西迁四川乐山（前后近十年），已成60—70年前的往事，1970年方老先生在"文革"中猝然辞世至今也快四十年了，这些往事对后人既是一种代际的文化传承，也起着不可磨灭的激励作用，是值得铭记的。我们自应积极支持和配合。因时间仓促，只

努力惜春華

亮亮
强定小朋友 欣賞
喜來春子愷于樂山

丰子恺给方家兄弟的画。

　　这画是父亲临场挥毫之作，所以不可能复杂，画材有时重复，例如《种瓜得瓜》《努力惜春华》之类。但此画之珍贵处就在于画的年代。年代早的画，何况是抗战期间的画，几经灾难，一般早已付诸一炬。他们能保存得如此长久且完整，真是不容易！现在能得到这些宝贝，真不简单啊！……

丰子恺幼女丰一吟给高艳华的信摘选

找出三张照片附上……另送上丰子恺先生1943年给克强、克定兄弟手绘的"努力惜春华"复印件，供丰老先生后裔知悉，并代致意。这件墨宝与小滢纪念册上的画面很相似，题词相同，时间也差不多。克定在和我闲谈中曾回忆说："记得当年家居乐山县铁门坎的'高望楼'（父亲命名），从大阳台上可正面眺望大渡河，侧面还能远望大渡河、岷江与青衣江汇合处的凌云山（依栖霞峰凿成高71米的乐山弥勒大佛）和乌尤山。"他11岁那年父亲曾邀请丰子恺先生做客高望楼（好像还有朱光潜先生等在座），宴谈尽兴，流连忘返，挥毫泼墨，接连画了几幅横轴和条幅形式的乐山大佛（裱糊的横轴一直挂在客厅里，现在不知何处），小滢纪念册上的《努力惜春华》只是一挥而就的小品，这一代人六十多年前的春华不再，赋予子子孙孙应倍加珍惜。

[旁观]

我所了解的方伯伯　　吴令华

居天下之广居，立天下之正位，行天下之大道。

会当临绝顶，一览众山小

小莹（滢）天资颖敏，前程远大，书此勉之。

看着半个世纪以前方伯伯给同学小滢留下的墨迹，想起来记忆中第一次听到方欣（心）安的名字，还是在童年。

大约1936年的一天，父亲和母亲说起在北平时与宾四（钱穆）、欣安等同游长城的趣事，两人大笑，父亲顺便提到："欣安从法国回来了，景况还不好，我对某某说了，请他来武大教书。"

方克定教授

又过了些日子，方伯伯携全家来访。与以往不同的是：每次家中来客，父亲都在客厅接待，除非深入探讨学术问题，才请进书房查书。而这方伯伯初次来访，略事寒暄，父亲便把他让进书房，留下母亲陪方伯母在客厅聊天，我则和克强、克定兄弟在地毯上玩"过家家"。过了许久，我们的游戏角色已经变换多次，我已想不出新鲜花样了，他俩才从书房出来。后来父亲对母亲说："欣安全家刚来，人生地不熟，你多陪陪方太太。"又叮嘱我多和克强兄弟玩。正好他家和我家同住在新二区，所以，从珞珈山到乐山，我们两家来往一直较多。记得1937年夏，父亲大病初愈，老同学戴家祥出川，特意到珞珈山探望，方伯伯设宴，父亲作陪。过了一个月，日寇入侵，平津陷落，一大批文化人逃出北平南下，叔叔吴世昌夫妇也来到我家。一天，沈从文、杨刚、萧乾同来我家访父亲和叔叔。父亲专门从汉口订了"北平烤鸭"，也请方伯伯作陪。这很可能是我第一次吃烤鸭。那次宴请使我现已89岁的表哥徐璇（人民大学教授）至今齿颊留香，认为现在只有一些酒家的"精品烤鸭"差可比拟，并对我的无知健忘深为遗憾。我则一直搞不明白那时从汉口到珞珈山，是怎样保持烤鸭的嫩脆的。（按：最近方听说是请汉口餐馆的厨师带半成品来家烤制的。）

1936年方心安全家摄于武昌
前排左方克定、右方克强

方心安长子方克强当年留言

方心安次子方克定当年的留言

　　方伯伯在武大授课，有自己的特点，很受学生欢迎。有一位学生说：他讲《宋史》，准备了两套书，发给学生，让学生按不同专题整理剪贴，剪贴完了，一部"宋史资料分类长编"的雏形也出来了。学生们则学到了治学的一种方法，受益匪浅。

　　父亲去世以后，方伯伯撰写的《吴其昌教授事略》中强烈呼吁国民政府改善教授的生活境况，"顾自入蜀以来，物价指数率增至三五百倍而有加无已，大学教授薪津所得，远不逮贩夫走卒之差足温饱。学课之余，卖文售艺，力竭声嘶，犹不足糊口腹，赡妻子，更何暇乎节劳养疾之足云哉！更何暇乎节劳养疾之足云哉！"批评当局对"既成之才，弃之若敝屣，悉任其贫病潦倒"，并列举武大抗战中死去的教授："前乎君者，既繁有徒（武汉大学教授先君而卒者为郭泽五、王远□、黄方刚三君，其余讲师助教死者尤多），踵乎君者，恐更将接十连百而未已也！是岂国家前途之幸哉！是岂国家前途之幸哉！"我记得，在我父之后，又有萧君绛等教授相继病逝。直到抗战胜利复员之前，方伯伯对我们流落异乡的孤儿寡母曾多加关照，至今我铭刻在心。方伯伯继我父任武大历史系主任。解放后，调任湖北省图书馆、文物管理领导职务。1983年，我公出武汉，特到珞珈山访旧，找寻问及方伯伯和方伯母，才知他们已含冤故去多年，我空对旧居，惟有长叹。

几年前，偶见一条新闻，某位考古专家花一千八百元买到一柄古剑，认为是越王剑，比二十世纪六十年代出土的那款还要珍贵。后来又有人认为是赝品，沸沸扬扬，聚讼不定。我对考古一窍不通，但由此想起了我童年时期十分熟悉的、父亲的清华老同学方伯伯。

二十世纪六十年代我国考古界的一大成果，是在湖北江陵楚墓中发现了越王勾践剑。那是一柄锋利无比、精美绝伦的青铜剑，剑身刻有八个变体篆书。时任湖北省文物管理委员会副主任委员、年逾六十的方伯伯受命主持宝剑的研究工作，首先解读铭文、确定剑的主人。他们初步释读出剑铭中的六字："越王□□自作用剑"。然而中间两个应是王名的关键字，却难以破译。于是他发起了一场书信大讨论，参加者有郭沫若、唐兰、商承祚、夏鼐、容庚、徐中舒、陈梦家、胡厚宣、于省吾、苏秉琦等一大批国内顶级的考古学家、古文字学家。方伯伯将铭文的拓片寄予诸专家，请学者们各抒己见。从出土的竹简确定墓主人姓邵，邵是楚国的望族，方最初提出剑铭中间的两个字可能是"邵滑"，得到郭沫若的赞同；但公认为识得甲骨文最多的唐兰却推断这两个无人认识的"鸟虫书"是"鸠浅"，而"鸠浅"，则是"勾践"的通假字。经过两个月的书信切磋，学者的意见趋于一致，认定了剑身铭文是"越王勾践自作用剑"。以后又有专家对剑的工艺进行专项研究，发现此剑被硫化物镀过，故能千年不腐，而这项技术比西方早了两千多年！

一件埋藏地下两千三五百年的国宝级的文物、一柄真正的王者之剑的身份终于认定，一场轰动一时的学术大讨论也圆满落下帷幕。学者们的书信被编成《楚墓通讯集》，永远记录下这段考古史上的佳话。而这也是方伯伯晚年学术生涯中的最为辉煌的一页。四年以后，一代学者，一生追求"立天下之正位，行天下之大道"的方伯伯被迫害病逝。

方伯伯，名方壮猷（1902—1970），字欣安、心安，湖南湘潭人。据我父亲吴其昌的介绍，年轻时的方伯伯兴趣广泛，尤爱文学，"浸淫于西洋文学，凡诗歌小说剧本无不毕嗜，亦时有创作，然君自言自娱而已，非示人者，随即脱手焚之。后此治毛诗，攻中国文学"；入大学后，"又转其志于社会科学，凡政治、社会、经济、法律、宗教、心理、哲学诸书无不攻读，且及于吾国史、汉、通鉴、通考及纪事本末、宋元明学案诸籍，益期有所成。"在清华研究院，他"治文史之学，著《中国文艺史》十四卷，《太平天国志》若干卷，此外积稿尚多。然君素不表暴，扃诸箧而已矣"。父亲说他胸怀大志，"为磊落慷慨奇男子，然外又以和易隐之，温柔敦厚，人目之为妇人女子，君笑颔而已"，"得于诗教者独深"。奇怪的是，父亲总把他当弟弟看，"与余同年，日月后于余。故其亲予也，亦殊异于他人云。"但我从克立教授给我的《方壮猷传略》中得知他比我父亲足足大了两岁。这也可看出方伯伯平时为人的谦逊温和。

方壮猷伯伯在研究院学习一年后毕业，到上海一些大学教书。1929年，赴日留学，从东京大学白鸟库吉研究东方民族史。次年归国，在北平各著名大学讲课，并连续发表《室韦考》《契丹民族考》《匈奴语言考》等多篇有关我国北方少数民族研究的论文，风头正健，其间发生了一些事，他复南下，1934年赴法，入巴黎大学研究院，从伯希和继续研究东方民族史，两年后回国，到武汉大学任教。

沉樱留言

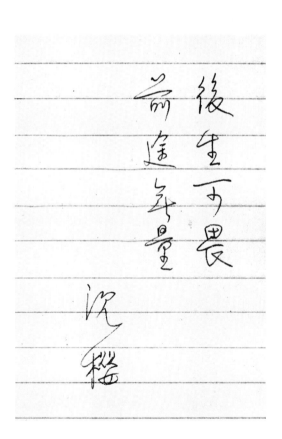

後生可畏

前途無量

沉樱

■ 后生可畏，前途无量。

　　　　　　沉樱

■ 沉樱（1907—1988），中国新文学早期著名的女作家、文学翻译家。

[旁观]

关于我的母亲　　梁思薇

我的母亲沉樱，当代青年或许不太熟悉。她是二十世纪二十年代末三十年代初期就成名的女作家，原名陈锳，后来因为去了一次日本，喜欢日本的樱花，则将笔名取为沉樱。

在我五六岁的时候，父母的情感就出现了问题。后来父亲对母亲发生情感背叛。（许多年后我才知，同为翻译家的父亲当年是掉进了一个陷阱，无法自拔而已。）本来父母之间彼此互相尊重，钦慕对方的学问与才华，但因性格不合，很多事情格格不入。他们之间感情紧张以后，并没有因此而闹家庭大战。1947年，母亲未与父亲离婚，便毅然决然带着我的外婆、她的家人，以及不满十岁的我们三个姐弟同赴台湾，旋而在地处斗换坪的大成中学教书，几年后又受聘于"总统府"对面最有名的台北女子第一中学任教。母亲在那所学校的教学极显示了她的才华和实力，深受师生爱戴，直至退休。退休后的母亲长期生活在美国北卡罗来那州，后来又到马利兰

沉樱二十世纪二十年代在北平

年轻的沉樱

州弟弟那里安居。

　　母亲到台湾后，在教学之余和退休以后的漫长岁月里，翻译了很多外国文学作品。她把所有的精力和情感都投入到教学与翻译中。她早期的小说曾为读者喜爱，而她的翻译作品更令读者爱不释手。她翻译的奥地利作家茨威格的小说《一位陌生女子的来信》在台湾畅销之极，竟在一年内再版十次，之后又连续出版达几十次。母亲的翻译，如同阅读原著，读来丝毫没有异国文学之感。因此，母亲的译著曾掀起台湾阅读翻译小说的热潮，也可以说，母亲将翻译小说推向一个很高的阶段。她翻译的最大特点，就是将作品吃透，易于中国读者接受。正如章洁思女士写母亲的文章中所言：

　　　　沉樱来访不久，我们收到重庆出版社出版的沉樱译作《女性三部曲》。这是她离开大陆后的部分译作，内收不同国家的三个中篇，其中有我喜爱的屠格涅夫的小说。因我对屠氏作品早已烂熟在心，所以没加在意，就把书随便放置书架。没曾想，一天，年幼的妹妹告诉我说，书，好看极了！我立刻拿出翻阅，竟一口气读完。我学的是英文专业，从事的是外文编辑，而眼前沉樱的译本，竟是我所读过文笔最优美最流畅，而且感觉也最切合原文的。我反复阅读，爱不释手，后来实在好奇，就用她的中译文去还原英文，居然很容易做到，再找出英文本对照（限于自己的专业，我只能找英文本），禁不住大声惊叹。后来才知，沉樱在每篇小说翻译之前，都要先为孩子们讲述多遍，等到故事在脑中全部融会贯通，才拿笔写下。试问这样的翻译，当今还有几人会做？

洁思女士真是一位母亲的知音，一位母亲作品的真诚读者。她介绍的母亲表达贴切，我从内心感激她如此熟悉和了解母亲及她的翻译工作，并借此机会表达我对章女士的谢意。

长久以来两岸隔绝，我对许多往事印象已经不深。许多母亲那个年代的朋友和往事，国内"文革"期间的家庭，凡是有海外关系是很避讳的事情。在台湾也是一样，也是回避提及大陆的亲人。加之母亲那时全身心投入教学和文学翻译，以此来抚平自己往日的情感痛苦，所以对往事很少提及。我所知道台湾的林海音、罗兰、钟梅音、潘琦君（《橘子红了的时候》一书的作者），这些朋友与母亲年龄差距不是很大，但都称呼母亲为"先生"，我想，这是对母亲人格与学问的尊重。至于母亲以前在大陆的文坛朋友，有徐志摩、朱自清、朱光潜、丁玲、巴金、赵清阁、方令孺、章靳以……还有翻译家罗念生等。我可以肯定地说，没有一个与她结识的人不是母亲的朋友。

1980年，母亲回国拜访了很多朋友，其中有巴金、靳以家属、赵清阁等，更多的我也不十分了解。大约在1996年我去医院看望巴老，我当时曾经问他："您是先认识我父亲梁宗岱，还是先认识我的母亲沉樱的？"巴老马上回答说："我是先认识你母亲的。"从这一点可以想象母亲当年的知名度与影响。

沉樱二十世纪六十年代和儿女留影。
左为梁思薇，右为梁思明

沉樱先生退休后在美国

　　林海音在母亲去世前，将母亲多年的散文结集在台湾编辑出版，书中也收入许多前辈对母亲人品和文品的评论，书名为《春的声音》。我想这个书名正显示了母亲就如春风一般，她到哪里，哪里就充满春意。章洁思女士所记述的，从她母亲口中知道的热情心灵手巧的母亲，照顾产后洁思母亲的往事，我读了就如同看录像一样把母亲再现了。母亲温和、大度，没有妒忌心，喜欢青年，豁达宽容。看到小滢女士保留的六十多年前母亲的留言　"后生可畏，前途无量"，或许她是随意为小滢写的，但那正是她善良人性的自然反映。她喜欢孩子，喜欢青年，喜欢她的学生，她一生对于青年非常提掖。母亲给小滢题字留言时才39岁，可那时她就以一个"长者"的身份，来表达对于青年的厚望。

　　几天前我从海南回到上海的家，见到编辑高艳华在几个月前给我的来信和母亲的墨迹，心中荡起许多往事的涟漪，马上与高艳华取得联系，才知道本书的编辑工作已近尾声。但是艳华告诉我，在这个时间我与她取得联系就是母亲冥冥之中对我的希望与期盼，所以我庆幸搭上《散落的珍珠》出版前的末班车，向读者介绍我的母亲。以后我要抽些时间请大家帮助寻找和我父母有文学接触的人，也从而加深对母亲的研究了解。我这些年也想静下来写写回忆父母的文字。台湾、香港和大陆很多出版社都找过我，由于我有多个住所：美国、上海、海南、台湾、香港，我又喜好旅游和绘画，故因为忙碌而未与他们联系。（明天我又要飞回海南）或许，"百花"这次与我的联系，就是我的一个新的开始，使我了解国内出版界，了解"百花"做的这件有意义的出版工作，也觉得把父母及文化前辈的许多故事记录下来是很值得做的事。我还从艳华编辑口中得知，为了寻找母亲的照片，罗家伦、梁实秋和浦薛凤等名家在海外的后代都不遗余力，借此机会，谢谢这些热心的人们。现将母亲一些照片送给你们，送给读者。

梁思薇口述于2007年11月15日晚

高艳华整理

美丽的樱花　　章洁思

二十世纪八十年代初，母亲接到一个电话，之后便告诉我们，有远道客人拜访。那天母亲郑重其事，准备了一桌子的菜，又几次跑到门口恭候。

我们都在心中诧异，平日冷静而不太会激动的母亲，是什么客人令她如此张罗。远道的客人终于来了，她个子不高，脸色非常白皙。她仪表端庄，说话声音轻轻细细。她比母亲年长得多，身体也似乎有点虚弱。

母亲向我们介绍，让我们称她"沉樱阿姨"。原来她1947年就去了台湾，后来又移居美国。母亲与她已经一别三十多年了。

作者简介：梁思薇，1937年生于天津，1947年到台湾。

时空向前推移。那是1941年8月10日，重庆乡间的幺店子，那个燠热的八月天的中午，在那所孤楼上，父亲靳以刚写完他的长篇小说《前夕》。父亲这样描述道：

　　　　那正是大热天，中午的太阳吊在空中炙烤着，我一身都湿透了，把笔向桌上一丢，便跑到××那里去，好像喘不过一口气来似的和她说着：

　　　　"我完了，我完了……"

　　　　"什么完了？"

　　　　"我的长篇，我的……"

　　　　不等我再说下去，她早已伸出她那揉面的手，握着我那满是汗水的手，由衷地笑着：

　　　　"我恭贺你，我恭贺你！……"

　　　　挂在脸上的汗珠纷纷地落下，因为我也笑了，她就赶紧送给我一条毛巾，使我能好好揩拭一下，免得总是那么湿润。她是我们一个姐妹般的可敬爱的朋友，她能了解我，知道我并不夸大自傲，她所恭贺的并不是它的空言的伟大，而是三年间不断的辛苦的工作。

　　文中的"她"，正是沉樱。那时她的丈夫梁宗岱先生，正与父亲一起，在内迁的复旦大学任教。那年，因学校所在地黄桷树镇屡遭敌机轰炸，父亲、沉樱梁宗岱夫妇，还有其他几位复旦教授连同他们的家眷，就一同迁居到这个更为偏僻的幺店子，大家在这座属于当地乡绅的大楼房里分室共居，同甘共苦。

　　时空再往前追溯一年有余，那时的父母正迎来他们的头生子。二十刚出头的母亲什么也不懂，她是为了离开孤岛上海，而与父亲偷跑到内地的。产后的母亲手足无措，正在思念远方的双亲时，沉樱就像一位慈爱的大姐，来到母亲身边。她天天跑来照料母亲，还变着花样，为母亲烹制不同的饭菜。那些香喷喷的鲫鱼面、腰子面，令置身穷乡僻壤的母亲体验到亲情和温暖。母亲赞叹沉樱那一双灵巧的手，难忘她为刚出世的我的哥哥缝制的许多婴儿衣袍，还有她用碎花布做出的一双双可爱的婴儿鞋，排列成行，犹如艺术品一般。这令年轻的母亲很受感染。沉樱，正如父亲所说，是"一个姐妹般的可敬爱的朋友"。

缘于这段经历，母亲那天才会如此激动。

沉樱来访不久，我们收到重庆出版社出版的沉樱译作《女性三部曲》。这是她离开大陆后的部分译作，内收不同国家的三个中篇，其中有我喜爱的屠格涅夫的小说。因我对屠氏作品早已烂熟在心，所以没加在意，就把书随便放置书架。没曾想，一天，年幼的妹妹告诉我说，书，好看极了！我立刻拿出翻阅，竟一口气读完。我学的是英文专业，从事的是外文编辑，而眼前沉樱的译本，竟是我所读过文笔最优美最流畅，而且感觉也最切合原文的。我反复阅读，爱不释手，后来实在好奇，就用她的中译文去还原英文，居然很容易做到，再找出英文本对照（限于自己的专业，我只能找英文本），禁不住大声惊叹。后来才知，沉樱在每篇小说翻译之前，都要先为孩子们讲述多遍，等到故事在脑中全部融会贯通，才拿笔写下。试问这样的翻译，当今还有几人会做？

自1928年以《回家》成名于文坛的沉樱，一生从未放下手中之笔。纵使人生坎坷，生活艰难，她对于文学世界的美丽追求，始终执著不变。她，正像当初为自己取名"美丽的樱花"所憧憬追求的，一直在文坛美丽地绽放，至今令读者流连。

写于2007年8月9日

叶浅予、戴爱莲留言

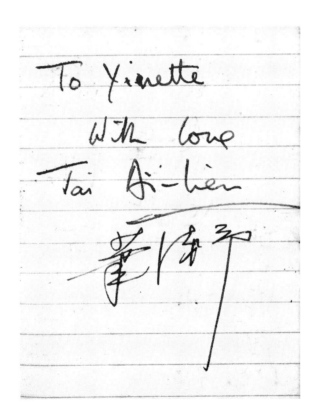

To Yinette
With love
Tai Ai-lien

■ 叶浅予与戴爱莲当年给小滢的签名

■ 叶浅予（1907—1995），原名叶纶绮，浙江桐庐人，当代中国
  画大师，著名美术教育家。

■ 戴爱莲（1916—2006），中国舞蹈艺术家、中国当代舞蹈的先
  驱者之一。

走出乐山的孩子

这是当年叶浅予和戴爱莲夫妇共同给我的签名。叶先生我不熟悉，现在也忘记当年的具体情况。只是在去美国的船上见过一次面。戴爱莲女士后来倒是见过几次，都是在英国。戴爱莲是一位舞蹈家，她原来是西印度群岛的华裔女子，后来回到了中国。她曾经去新疆等地学习少数民族舞蹈。我在船上见到她，她很活泼，这是给我留下的第一印象。她的中文不很好。后来在二十世纪八十年代，我在伦敦又见到了她，她好像每年都来一次英国，同时她也教华侨孩子们舞蹈。人很和气，也很真诚。她虽然有许许多多的中国学生，舞蹈教得特别精彩，但她好像一直没有能说好汉语。大概她的父母是广东移民。

二十世纪四十年代的叶浅予先生

"麦琪号"旅行日记（摘录）　叶浅予

1946年9月2日

11点达到公和祥码头，旅客已排成长蛇阵，等待海关检查。许多朋友来送行，史东山和韩仲良为我们拍了一段电影，等到将近1点半才挤上船。秩序之乱，有如逃难。

原先这条"麦琪将军"号是海军运输船，最近恢复运营。船舱只分房舱和统舱两级。房舱住官，统舱住兵。统舱分为四层，上下铺只二尺光景。全舱要住几百人。舱里那么热，人那么多，如同进了地狱。

1946年9月3日

昨晚在铺上一直淌汗，像洗了一次土耳其浴。

海水蓝得像派克墨水，飞鱼一阵阵从激浪中飞出，作弧形抛物线降落在激浪中。

太阳太强烈，我们将帆布躺椅放到房舱甲板上，又被船员赶走。

下午四时左右，看到海岛一群，据说是琉球群岛，傍晚过长崎海岸。

冯玉祥统舱来访客。吴组缃告诉我，冯友兰和华罗庚两位教授也搭乘统舱。冯将军看我们这些局促一隅的统舱客，写信给船长，希望让我们自由出入房舱甲板，结果当然没有"允如所请"。

1946年9月3日

上午伙食柜开门，买啤酒的旅客排成长蛇阵，司徒夹在其中。可是将轮到他时，关了门。下午我去排队，买了四瓶啤酒，一条吉土烟，四包巧克力，花了二元二角，找回来的都是银角子，这东西久违了，颇觉新奇。

三餐很丰富，可惜全是罐头货，只有水果是新鲜的。

船上的秩序已较昨天有进步，在甲板上躺了一天。情绪逐渐平静下来。希望明天能够画点速写。

许多旅客搬到甲板上睡。我怕着凉把躺椅搬到舱口，找到一处风口，美美地睡了一晚。

叶浅予"麦琪号"漫画之一

画中有哲学家冯友兰，将军冯玉祥，右下前为叶浅予与戴爱莲，生动概括了这条船上的各种人物身份。

叶浅予"麦琪号"漫画之二
生动形象地反映了小滢当年乘坐这条船所见到的场景。

叶明明与戴爱莲（左）

[旁观]

我和戴妈妈的母女之情　　叶明明

戴妈妈和父亲的10年婚姻

我的三个母亲，除了生母以外都是名女人：一个是与父亲有过30年不幸婚姻的名伶王人美；一个是和父亲有过10年幸福生活的著名舞蹈家戴爱莲。

父亲和我生母的婚姻是奉父母之命、媒妁之言的旧式婚姻。两人本来就不存在感情，加之生母是文盲，没有交流的婚姻生活越发像死水一潭。抗战爆发后，父亲把妻儿送回老家避祸，他独自奔向抗日前方。这次分别彻底断了父亲和生母的情分。

父亲和戴妈妈的最早相识并非偶然。当年，宋庆龄的秘书廖梦醒大姐找到父亲，说孙夫人想为延安国际医院筹措一笔购置医疗器材的基金，于是请从英国到香港的华侨舞蹈家戴爱莲举办一次表演会，希望包括父亲在内的画家在宣传上给予帮助。生活中，戴妈妈一直讲一口流利的英语，而父亲的英文虽只有中学水平，但基本的

沟通不成问题。就这样，他们一来二去很快熟悉并相爱了。

戴妈妈原本在英国留学时有过一段初恋。对方是大学雕塑系的老师，可那人已经有了女朋友，戴妈妈是带着逃避感情和参加抗日的目的来到香港的。认识父亲后不久，两人就结婚了。接下来的日子就如父亲回忆所说："我和爱莲在那几年就互相当对方的跟包了。她开表演会，我就给她打杂，当翻译、做饭、做舞台监制。而我忙碌时，这些事情又轮到她替我做。我们两人的关系就像一对跑江湖的夫妇，女的跳舞，男的击鼓。"

1950年，戴妈妈被文化部聘请担任戏剧学院舞蹈团团长。那年秋天，父亲受命参加民族访问团去新疆考察。小别的那半年，戴妈妈爱上了她参与指导的一个大型舞剧的男主角。等到父亲回来时，戴妈妈非常直接地对父亲说："我不爱你了，我们离婚。"这个消息对父亲来说是晴天霹雳，可男人的自尊心不允许他再挽留戴妈妈。父亲为此伤感地流过泪，甚至一生都难以释怀。而戴妈妈也为这段婚外情付出了惨痛的代价。

离婚6年后，父亲才从他和戴妈妈的感情中走出来，和大明星王人美结了婚。可由于两人都心高气傲，加之又都心有所属——王妈妈情系金焰，而父亲还深爱着戴爱莲。他们30年的婚姻几次濒临破灭，都因为父亲的隐忍熬到了最后。

1987年，王人美去世。我了解父亲的心思，老人想和戴妈妈重结连理，我也有心撮合他们。有好几次我去戴妈妈家探望时跟她说："你看，你和爸爸一个住花园村，一个住东单，我要照顾你们还得两头跑。为了我省事，干脆你们搬到一块儿住算了。"戴妈妈听了总是笑笑，也不言语。

我以为她大概是同意了，就买好了几个柜子放在她家里，准备他们复合之用。可没过多久，她从国外回来找我谈了次话，很郑重地说："我不能和你父亲复婚，因为我心里始终忘不了我初恋的爱人。"原来，戴妈妈那次去英国和她初恋情人威利生活了一段时间。当时威利的夫人已病故，而威利也因此受到打击一病不起。在其子女的要求下，戴妈妈陪着最初的爱人走完了他人生的最后一程。戴妈妈对这段浪漫的晚景生活无法忘怀，所以不能再接受任何感情，哪怕是和父亲再续前缘。

我和戴妈妈的母女深情

去年2月9日，戴妈妈走的那个点儿，我正在街上为她买身后要穿戴的衣物，没能见她最后一面，现在我想起这些就会流泪。很多人说，明明，戴爱莲只抚养了你4年，而你却照顾了她一生，你真是心甘情愿的吗？我想一定是的。在那短暂的4年间，戴妈妈的点点滴滴给了我胜似亲母的关爱，这是我一辈子应该铭记的。

我10岁那年，对于父亲领回来的这个女子，我曾不自觉地充满了敌意。因为语言不通，我们还无法交流。戴妈妈对此并不懊恼，她总是不厌其烦地做她认为该做的事情。我夏天特别怕热，每天临睡前戴妈妈就给我扇扇子，直到我睡着。我那时也不跟她讲话，她

叶明明10岁时（1948年）与父母合影

1990年叶明明陪同戴爱莲去中国画院看望作画的叶浅予

1993年叶明明陪同父亲与戴爱莲回故乡浙江桐庐

要扇扇子，我也不反对。

后来我才知道，戴妈妈和父亲婚后不久查出有卵巢炎症，于是去香港做了个小小的妇科手术。孰料手术中出现意外，在来不及征求戴妈妈意见的情况下，医生把她的卵巢切除了。这场手术导致了戴妈妈永久不能生育。从此，没有亲生子嗣的孤苦、寂寥伴随了戴妈妈整整一生。

我知道戴妈妈的秘密后，对她的态度稍微有些转变。加上上海新鲜的都市生活也让我渐渐地淡忘了家乡的亲人。当年，我的身体状况不太好，总是生病，戴妈妈就经常带我上医院检查身体。医生说我营养不良，她就买好多好吃的营养品给我。平时，他们参加一些朋友聚会，怕我在家孤独，也总把我带在身边。

1948年我们全家到了北京以后，才真正有了自己的小家。戴妈妈这时开始动脑子教育我了，她教我英文、舞蹈。但我喜欢和同龄的孩子一起学习跳舞，而戴妈妈则是一对一地教我，我觉得比较枯燥，所以学了一段就停了，戴妈妈也不勉强我。后来，我去史家胡同小学念书，因为家离学校较远，戴妈妈就骑自行车接送我上下学。戴妈妈个子矮小，而我已13岁了，体重也不轻，可戴妈妈总是风里雪里地接送我，从不叫累。后来，戴妈妈没有时间接送我了，她就给我买了辆自行车，在没人的地方教我骑车。我能感觉出来，戴妈妈为了和我拉近母女间的距离，费了不少心思。

"文革"之后，戴妈妈的待遇还没恢复之前，我把她接到了我那不足40平方米的房子里，和我们一家四口一起生活了半年。随后的二十多年间，虽然戴妈妈的政治地位和工作待遇都得到了解决，可老人心里一直是孤独和苦闷的。晚年的戴妈妈还想为她热爱的舞蹈事业做点儿贡献，可毕竟青春已逝，力量非常有限。而情感上的孤独更是带给了老人莫大的苦闷，戴妈妈经常一个人守着一百三十多平方米的大房子，无人交流。

我看出了老人的伤心，于是跟她约好每周三下午都会去陪陪她，这个约定我们坚持了30年。而我也知道，她是想和父亲说说话的，那时天天和王人美吵架的父亲又何尝不想呢！有几次，实在是想让两位老人开心一下，我便创造了戴妈妈和父亲见面的机会。因为这种机会实在不多，戴妈妈非常珍惜。每次都会和父亲说很多话，临走时把我们送下楼后，两人还依依不舍。其实，只有他们才真正了解彼此内心最真实的情感。

抗战时期看戴爱莲演出　　梁文蔷

我看戴爱莲的舞蹈，是抗战时我在重庆沙坪坝的南开中学上初一。那时根本没有娱乐，也没有电影看。如有高班同学演话剧，那就是天大的壮举[1]。所以，戴爱莲到重庆南开大礼堂表演歌舞，是十分轰动的。我记得她会把头左右移动，不是转动，还会跪在地上，上身前后做360度的转动，随着音乐的节奏，抖动双臂。简直神透了。我们这些小孩为之如醉如痴。半个多世纪过去了，青春小鸟的歌曲和戴爱莲那优美的舞姿时常把我带回到那难忘的青春岁月。"太阳下山明早依旧爬上来……我的青春小鸟一去不回来！……"

作者简介：叶明明，中央民族学院舞蹈教师，中国舞蹈家协会会员，现已退休。

[1] 著名翻译家曹靖华的后代曹苏玲来信说："当时南开中学演出的话剧是售票的，盛况空前。最轰动的应该是吴祖光的名剧《风雪夜归人》，梁实秋的长女文茜扮演女主角，她的演出给我留下了美好、温馨的回忆。她是我们青年时所追求的明星。"
　　　　　　　　　　　　　　　　　　　　　　　　　　　　——高艳华注

我的一点看法　　舒济

　　二十世纪五十年代末，叶浅予观看父亲老舍《茶馆》剧目演出被剧情所感染，竟然在后台画起了素描。人民文学出版社二十世纪九十年代出版单行本《茶馆》时，这些速写被编进书中。出版社希望我帮助找寻叶先生的后人。于是在丁聪先生的介绍下，我与戴爱莲女士取得联系。她告诉我叶明明的两个电话，并用她不流利的汉语特别嘱咐我，一个号码找不到，另一个一定可以找到，事情很快落实。后来丁聪与叶浅予同时搬到北京西三环居住，两人几乎每天晚上都在一起聊天散步。丁先生夫妇告诉我，叶明明真是一个善良的人，戴爱莲不是她的生母，与她父亲也离婚多年，王人美故去后他们也没有复婚，但是还总照顾戴爱莲。叶明明总想撮合他们复婚，可能是由于戴爱莲的原因婚始终没有复。但是我觉得叶戴晚年之间关心对方，或许比那些仅靠一纸婚姻维持，实际上已经名存实亡的婚姻要幸福得多。联想到社会上一些人对于亲生父母都不去承担赡养义务，叶明明就是一个做人的榜样。和谐社会实在需要更多这样的好人。

舒济口述，高艳华整理

作者简介：舒济，1933年生，著名作家老舍先生的女儿。现任老舍纪念馆馆长。

靳以留言

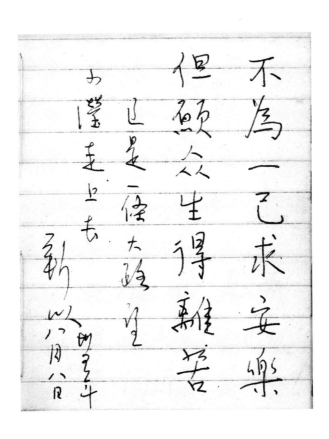

不為一己求安樂

但願眾生得離苦

這是一個大願望

共勉 走上去

新以四月二十八日

■ 不为一己求安乐
　　但愿众生得离苦
　　这是一条大路
　　望小滢走上去
　　靳以　卅五年八月八日

■ 靳以（1909—1959），著名作家、编辑家、教授。

我的一点记忆

1946年，我要随母亲赴英国与在联合国任职的父亲团聚，需要从上海坐船到美国再转英国，在上海就住在靳以家。当时详细情况我已经记不清楚了。我小时印象靳以是非常热心的人。

一个甲子前的心语　章洁思

我的一位同行朋友、百花文艺出版社的高艳华给我发来电子邮件。把附件下载，再打开，随着图像自上而下一点点慢慢地展开，我的心忽然激动起来。我看见了熟悉的字迹，听见了熟悉的话语，

靳以先生

最后是那熟悉又亲切的签名：靳以。那是我的父亲，在一个甲子前为一位我不认识的女孩小滢题写的话语：

> 不为一己求安乐
>
> 但愿众生得离苦
>
> 这是一条大路
>
> 望小滢走上去
>
> 靳以　卅五年八月八日

　　我想知道卅五年八月八日，即1946年8月8日，父亲在何地为小滢题字。因为那正是抗战胜利后的一年，内迁学校纷纷从内地复员返回，父亲也在此前后跟随复旦大学的大队人马从重庆返沪。手边正有冀汸先生赠与的长篇纪实回忆录《血色流年》，冀汸先生是父亲的复旦学生，他虽未与父亲分在一组同行，但从他的详细叙述中，得知他的确切行程。他是在1946年6月下旬与同组人员动身回沪的，虽然路上有几次迫不得已的滞留，但是，我想，一个月的旅程已足足有余。而当他回到江湾校区，稍事休息，就去拜望老师。在教师宿舍，许多教师都刚刚安排到房屋，尚未安定下来，父亲也已抵达。他走访了父亲的家，他这样写道："靳以教授住的是一幢二层小楼房，每幢楼房都漆成奶黄色，楼上还有小阳台，外观确实很漂亮。走进大门，左手是厨房和卫生间，正面便是大厅。一张大'榻榻米'就占了三分之一的面积，上面随意堆放着许多书刊。靠近窗幔是一张大写字台，墙上钉着一幅尚未裱装的丰子恺画：岩石缝里长着一根绿色的小草。此外别无陈设，显得空荡荡。我说，这也好，宽敞。靳以先生站起来，拉开窗幔，再打开落地玻璃门，就是户外，整个楼下只有这么一间可派用场的房间。楼上呢？也是一间，作为卧室。一幢漂亮的小洋楼，竟是一座虚张声势的货色。靳以先生打算将'榻榻米'拆掉，把这间变成书房兼客厅，让它适合中国人的习惯。"

冀汸先生这段详细的叙述，逼真地描绘出我们在复旦庐山村的家，那是我童年留恋的地方。那扇落地玻璃门的户外，就是一个小小的院落，父亲曾在这块小小的土地上，亲手种了许多蔬菜：豌豆苗、番茄，用来招待家中川流不息的学生。那张大大的榻榻米，父亲曾在上面教会我翻筋斗；榻榻米上面那张矮矮的小方桌，记忆着我头一回被父亲拿给我看的木刻画感动，也记忆着我曾怎样趴在上面伤心痛哭，只为了那张"爸爸归来了"的感人木刻……

那么，父亲多半是在上海给小滢题写的这番话。

小滢的父母是陈西滢及凌叔华先生。凌叔华先生，是有名的才女，我无缘见她，但读过她的文章、文存，也听说过她当年与徐志摩、胡适等人的一个个故事。这些弥漫着文学、友谊的故事，令我感到非常神往。

1946年在复旦大学教师宿舍庐山村10号门前，作者与父母留影，
前左一为作者。小滢与母亲凌叔华当年就住在靳以家等船。

父亲与凌叔华先生，也一定是熟悉的。因为我曾读到记述他们文化活动的年表，他们也曾共同被出版社请去选编丛书，而父亲也一定向她约过稿，为他自己正编辑的那几本刊物。他们是文人，有共同语言。我遥想，在某一个偶然的场合，父亲见到了她可爱的女儿小滢，就应小滢之邀，把自己的内心追求在她的本子上写下。

　　我相信那是父亲的肺腑之言，也是他自己一生做人的准则。当时，他一定是不假思索，写下这些话的。

　　我听过许多父亲助人为乐的故事，从我的叔叔，从与父亲一同长大的姑父，从父亲的同学、朋友，从父亲的学生，更从父亲的作品……这些故事都基于一点：不为"一己"，而为"众生"。

　　父亲从能够记事起，在"……走进人事在记忆上投着影子的年龄，便是由了祖母的抚养渐渐地长了起来的"。而"祖母喜欢施舍，这对我后来欢喜帮助人的性格有影响"。而我的祖母，即父亲的母亲，更是从小就教导父亲，要以"爱人的心来拥抱全世界"。父亲与祖母感情至深，祖母虽然目不识丁，甚至连自己的名字也没有，但是她勤劳善良，具备人类最可贵的一份爱心。父亲在她的言行身教之下，学生时代就以侠义之心，帮助弱者，倾囊而出是司空见惯的。后来他在大学执教，见到穷苦学生，总是尽力帮助。他为学生吃饭的贷金，毫不犹豫签字担保。他为学生修改习作，替他们投稿发表，这样，既解决了学生部分的生活问题，也培养了文学人才。父亲辞世近半个世纪以来，许多学生，至今仍在清明和父亲忌日，来我家送花，或写诗寄上。他们真诚的缅怀，包含着多少铭刻在心的故事。

　　翻开父亲的著作，我看见，为小滢题写的这十四个字："不为一己求安乐，但愿众生得离苦"，跳跃在他的笔端，跳跃在他的字里行间，比比皆是。三十年代的作品《圣型》、《珠落》，四十年代的作品《鸟树小集》、《红烛》、《人世百图》，五十年代的作品《幸福的日子》……，无论是什么体裁：小说，散文，还是杂文，读者都会感受到他捧出的一颗灼热的心，还有从心里喷薄而出的对于众生的爱，博大而强烈。

余生已晚。父亲给小滢题字那年我才两岁。我错过了许多父亲指引教诲的机会。我曾经在一篇文章中写过，我多么羡慕我的哥哥，在他高中毕业填写志愿时，父亲曾给予具体的指导。而且，当我见到父辈的一些与我年岁相仿的孩子，他（她）们在自己的父亲身边亲聆教诲，或是讨论或是整理文稿，或是奔走忙碌，……我的内心都按捺不住羡慕之情。我甚至会突发奇想，若能给我一次这样在父亲身边的机会，哪怕短暂至极，我也会幸福至极！

父亲生前爱对我说："女儿是爸爸的朋友。"我遗憾自己还没有成为父亲的朋友，还没有长大，还没能与他交流思想，还没能为他分忧，还没能替他做事，还没能为他忙碌操劳……他就撒手离去。

但父亲的著作，父亲题写的话语，是永远地留下来了。它们于我，犹如父亲还在身边。我常常翻阅父亲的著作，仿佛听见父亲在我耳畔轻语。文如其人，这是上苍给予我的珍贵礼物。文章会说话，会传递思想。父亲为他人题写的话语，也可视作对我的指引和希望。几年前，我曾收到来自福建漳州的几封来信，远方的陌生人仿佛亲人般向我诉说对于父亲的思念，他们是当年（四十年代初）父亲任教福建师专的学生。而令我欣喜万分的是，信中还附有多张当年他们与父亲珍贵的留影，其中还有父亲与他们分别时为他们题字的照片。那些写在薄薄的宣纸上，用毛笔挥就的话语，再现

本文作者章洁思近影

了父亲的追求："真理只有一个，是非必须认清，大家的苦乐应该是相共的。爱别人，就是爱自己，充实自己，并不只为个人，也是要使全体生活得更好，生活得更幸福。"而前不久，在黄裳先生新版的《珠还记幸》一书中，我在卷首就看到占据整版的父亲的墨迹。……哦，还有更多父亲的墨迹，父亲的心语。

"这是一条大路"，父亲不仅仅期望小滢能走上去，也期望我能走上去。一定是这样的。

多年来，我早已领悟父亲的追求，我早已明白父亲做人的准则，我早已在这条路上行走。但今天，一个甲子前父亲为小滢题写的话语突兀眼前，仍然令我感到无比的父爱和温暖。

大路还在延伸，我，还在继续前行。

写于2007年4月3日

补记：

这位可爱而热心的同行朋友，近日有机会在北京见到了小滢，从而证实了父亲为她书写这段话时确实是在上海。她的电子邮件原话是这样的："小滢说他们1946年去英国，必须从上海坐船到美国转英国，等船时住在你们家。"

那么，他们当年就是住在上海位于江湾的复旦大学教师宿舍庐山村10号。热情好客的父亲，当年在招待别离的文坛朋友时，又有多少倾谈留在此间屋内！一个甲子倏然逝去，房屋，依旧矗立；字迹，依然清晰；心语，恍仍在耳边……

十八天后再记

作者简介：章洁思，作家靳以之女，生于1944年，天津人。1968年毕业于复旦大学外文系英国语言文学专业。上海译文出版社副编审。现已退休。著有《从远天的冰雪中走来·靳以纪传》及若干英汉词典等。近年来发表散文十多万字，作品散见于《散文·海外版》、《香港文学》、《文汇报》等报刊杂志。

萧乾留言

小莹：这是我自拍的，你看好不好？这地方叫三叠泉，在九龙，说到青山的道旁。我是同一个女学校去远足的，我想谢那个舍监。可是到时舍监得照顾学生，我一个人跑了，他到半截，到一个缆地（平西山），樱桃沟的地方，照了这么一张。

小伯伯 一九三八冬

香港

■ 小滢：这是我自己拍的，你看好不好？这地方叫三叠泉，在九龙到青山的道旁。我是同一个女学校（生）去远足的，我认识那个舍监。可是到时舍监得照顾学生，我一个人跑了，爬到山半截。到一个像北平西山樱桃沟的地方，照了这么一张。

小伯伯

一九三八冬、香港

■ 萧乾（1910—1999），原名萧炳乾，当代著名作家、翻译家、记者。

永远的小（萧）伯伯

我们家和萧乾的关系相当深，他的第三任夫人是一个英国混血儿，本来是我父亲的秘书，大概是我父亲介绍认识的。萧乾和我父母在三十年代就认识了，在三十年代还到珞珈山我们家住过，我的最早记忆就是他在香港给我买冰淇淋吃，可是我不喜欢吃，还吐了，他又带我坐汽车，我晕车。照片后面的留言大概是说他带学生爬山，是在九龙，后面还写到小（萧）伯伯。记得二战之后，我母亲带我到上海等船出国，我好像住在靳以家，白天萧乾带我骑车出去玩儿，差点被美军的军车撞了，后来靳以大骂萧乾，说他不负责。我当时觉得萧乾像一个大孩子一样的窘状，虽然靳以仅比萧乾年长一岁。后来我们在国外也常常见面。说起来很有意思的是，我的爱人秦乃瑞当时在英国是萧乾的学生，名字也是萧乾起的，但萧

萧乾于1938年

乾起的是金乃瑞，老秦认为金这个姓不像汉族人的姓，所以自己改成了秦这个字。

　　他与热情爽朗、能编能译的工作狂文洁若结婚后，夫妻俩共同携手创作、翻译，不畏艰难，一起度过了最艰难的岁月。"文革"后又在写译上也取得了惊人的成果，事业上达到顶峰，实在令人敬佩。从年岁上我应称文洁若为姐姐，但在辈分上我称她为阿姨。萧乾虽然是个名作家、名记者，但在我心中永远是个小（萧）伯伯。

缪朗山留言

震乱残年找入蜀，
　落晚嘉州识小莹，
小莹爱读五更书，
　闾院时闻诗朗诵；
闻道小莹志在医，
　慈悲悯世似我佛；
我心亦有不平气，
　午夜煎熬如鼎沸，
文章憎命口拾尤，
　蝼臂难支铁轮压，
始道如斯後何言？
　大冶不容金踌躇！
我将彩虹命走他乡逐，
浮沉且莫问明朝，
　寂莹未识世下事，
小莹一片冰心无挂虑，
　且待当怀我小莹长大时，
　　　　　　　　有灵珠

Feb. 11, 1945 在乐山　　　—— 灵珠 ——

■ 丧乱频年我入蜀，落魄嘉州识小莹，
小莹爱读五更书，隔院时闻"诗朗诵"；
闻道小莹志在医，慈悲悯世似我佛，
我心亦有不平气，午夜煎熬如鼎沸。
文章憎命口抬尤，螳臂难支铁轮压，
世运如斯复何言？大冶不容金踊跃！
我将亡命走山泽，彩虹再向他乡逐。
浮沉且莫问明朝，寂寞不甘看成局！
小莹未识天下事，一片冰心无点虑，
且待小莹长大时，当忆颠沛有灵珠。

　　　　　　　　　　1945.11在乐山

　　　　　　　　　　——— 灵珠

■ 缪朗山（1910—1978），广东中山人，又名灵珠，是特殊时期
需要改的名字。1944年后历任武汉大学外文系教授、香港大学
英国文学系教授、北京大学西语系教授、中国社科院文学所研
究员等。

复杂心绪与童诉

这是缪朗山教授当年留给我的一首诗。他是武汉大学的俄语教授，也教过我俄文，灵珠是他在特定时期用的名字。他在抗战后就面对坎坷，但是我那时候是一个单纯的小女孩，正如缪朗山所言"小莹未识天下事"，只有以一种愉快与冲动的畅想，在抗战胜利的喜悦中憧憬着将来长大建设国家的理想而已，根本无法了解和体会他的心境。

缪朗山教授在给我写这篇文字时是什么心境，难道他已经洞察了以后他颠沛流离的"我将亡命走山泽"的坎坷一生？果然他厄运难逃。时隔不到两年，在武汉大学的"六一"惨案中遭到通缉。而后在五十年代的"反右"和"文革"中又遭受迫害，听说要平反，

缪朗山先生

为他整理文集，一激动突发病去世。他给我写的留言是诗歌，过了半个世纪的时光，我想当年他有多少思绪想同人诉说，又无法表达，面对涉世不深的我，也只好笔中留情了。所以，才有"且待小莹（滢）长大时，当忆颠沛有灵珠"的慨叹。今天，我在这里回忆他，这是他半个世纪前就预见到了。

以下是他的后代写的回忆父亲的生动文字，我想读者就可以全面了解缪朗山教授了。

[旁观]

回忆爸爸缪朗山　　缪铁夷

爸爸缪朗山，1910年5月18日生于广东中山县。因为家里贫困，他12岁就在南洋烟草公司当徒工。美国老商人见其聪慧，资助他学习英、法、德语言文字，还阅读了许多名著。

二十世纪三十年代末，爸爸在澳门圣罗萨教会中学任校长，帮助犹太学者魏纳解决生活困难，同时也向魏纳学习古希腊语和数学。后来爸爸以同等学力考取广东中山大学统计学、生物学专业。

爸爸除母语中文外，还精通古希腊、拉丁、英、俄、德、法、日等各种语言文字。

当时正值国难当头，全民奋起抗日。孙中山先生的原配卢夫人在澳门，在她身边聚集了一批爱国华侨，澳门成为华侨支持抗日斗争的重要基地。爸爸带领学校的师生投身到抗日救亡运动中。澳门有三所中学的校长是澳门抗日救亡运动的知名人士，爸爸是其中之一。爸爸任校长的学校是教会学校，他的爱国活动受到教会指责。爸爸愤而辞职，全身心地投入到抗日救亡运动中。

二十世纪四十年代初，广州、香港相继沦陷，澳门成了华侨支持抗日的重要口岸。日本特务在澳门张贴海报，勒令爸爸等三位抗日救亡运动的知名人士日内离开澳门，否则格杀勿论。三天后，一位姓梁的中学校长在演讲时被杀在街头。爸爸被迫离开澳门，到桂林参加了由郭沫若和李济深领导的抗日宣传队。在那里他结识了于立君、汤晓丹，成为好友。在桂林爸爸还结识了朱光潜先生，他们两人在美学、哲学上有相同的观点，相见恨晚。朱先生表示，如有机会请爸爸到武汉大学共事。1943年下半年，我随妈妈来到桂林，一家人团聚了。

在桂林时，国民党特务常来骚扰。有一次，特务闯到家中搜查。桌上放了一本德文版《资本论》（爸爸说他学通德文得益于背下了两本书——《浮士德》和《资本论》），特务翻开书，用手枪指着首页的马克思头像大声喝道："这是谁？"爸爸说："这你还不认识，这是大名鼎鼎的美国将军史迪威。"（史迪威当时在缅甸指挥抗日战争，在国内很有名气）特务对着马克思头像敬了个军礼，走了。

1944年桂林沦陷，我们全家流亡到重庆。为了谋生，爸爸在电线杆上张贴教授外语的小广告。汤晓丹看见广告，找到爸爸。汤先生当时在重庆中央电影制片厂工作，就推荐爸爸到中央电影制片厂教外语。重庆中央电影制片厂直属国民党中宣部，厂长是特务头子，当过上海警备司令。爸爸在厂里翻译过两部对外宣传片，受到厂长赏识。他突然宣布提升爸爸的职务，封上校军衔，还要他填表加入"中统"。爸爸只得装病拖延时间，准备逃亡。这时恰好收到朱光潜先生的信，信中说，武大有位教授去英国，有个空缺，请爸爸到乐山教书。在汤先生的帮助下，全家逃离重庆，沿江而上去乐山。制片厂长对爸爸逃走十分恼火，通电沿途追截。晚上，轮船靠在一个码头，突然宪兵上船检查。一个军官走到爸爸跟前，拿着一封电报说："缪先生，这是给你的电报。"爸爸接过电报说："这上面写着缪朗山先生收，这不是我的。"又指着我们行李上贴的名字说："我叫缪灵珠。"缪灵珠是爸爸的笔名，我们带的行李上都贴着"缪灵珠"的字条。就这样我们一家逃过了一劫，来到乐山武汉大学。

在乐山武汉大学，爸爸开了英国文学课，并积极参加学运，经常发表演说，还开班教俄语。不久乐山警备司令就"请"爸爸去赴宴，警告爸爸不准再作演说。爸爸没听那一套，再次被抓起来。朱光潜先生出面保释了爸爸。为避免意外，爸爸在朱先生家苦恼了几个月。

日本投降后，武大迁回武汉，学校发了一笔钱作路费。但这些钱不够，爸爸在重庆中苏文化协会打了一段工，赚够路费后才来到武汉。

1947年，国民党发动全面内战，全国各大学兴起了"反内战、反饥饿、反迫害"的学生运动。爸爸成了武大学运的头面人物，国民党特务机关误认为爸爸是共产党。1947年6月1日早晨4点钟，爸爸被国民党特务抓走。国民党还调集军队，出动坦克，血洗了武大，抓走了数十名教师和学生，并封锁了武汉大学，宣布爸爸是共产党，要就地处决。

武大当时有几名美国派来的教授，他们设法开车到汉口，将武大"六一"惨案电告美国几所大学。美国几所名校发起援助武汉大学的活动，要求派红十字会的人到武大。蒋介石迫于国际舆论压力，下令释放了被捕师生。为防止国民党特务当面释放，背后暗杀（像闻一多先生一样），被捕释放的师生一起被接回学校开大会。会后，三名美国教授及一些名教授直接送爸爸到机场飞往香港。

在香港，爸爸的联系人是胡乔木。爸爸在胡乔木的领导下协助共产党办报，在海外发行。报馆的工作人员大多是在内地上了黑名单逃亡到香港的教师和学生。当时在香港有一些反蒋的国民党将领，他们愿意支持共产党办报，但又师出无名。爸爸就以当家庭教师的方式到他们家里讲课，他们以付学费的方式出钱支持共产党办报。

1949年3月，中共中央统战部租了一条英国海轮，将逃亡到香港的民主人士接到北平（不久改称北京），我们全家从此生活在首都北京。

到北京不久，百万雄师过大江，全国解放。有一天李先念同志到家里，要我们全家三天后随他去武汉。爸爸被安排任武大副校长，随南下工作团去接收武汉大学。爸爸希望今后好好教书做学术工作，不愿担任行政职务。他找到主管分配工作的周总理，提出想在北大创办俄语系的设想。周总理写了封信，推荐爸爸到北大创办俄语系。

爸爸创办北大俄语系之后，上级派来了系主任。爸爸与他在办学方针上意见不合，后来分歧越来越大，1952年爸爸离开了北大俄语系。

1952年，中科院文学研究院所开始筹建，郑振铎先生任所长。郑先生对古希腊的文学、哲学、艺术十分感兴趣，爸爸是国内少数精通古希腊语的专家，郑先生邀请爸爸到文学研究所开展古希腊文学、艺术的研究。

在文学研究所主持工作的领导要求学者们配合政治运动写文章，爸爸以及从国外留学回国工作的学者对此不满。爸爸是个敢据理力争的人。1956年的年终总结会上，爸爸要求发言，对文学研究所的工作提出了批评。因此，得罪了那位领导。

1957年，"整风反右"运动开始后，所里的那位领导到家里来，先是一连串道歉，检讨工作没做好，对不起诸位学者，然后通知爸爸明天学部大会专门安排爸爸发言。他还诱导爸爸在"政治与学术研究"、"外行领导内行"、"一党执政"等问题上畅所欲言。爸爸没有上当，他在大会发言中不涉及任何政治敏感问题，只是说，他过去对所领导有意见，都是为了搞好所里的工作，希望今后大家团结起来，帮助党搞好整风。就这样他逃过了"反右"这一关。

1959年，开展反右倾运动，爸爸被定为重点。爸爸有两个研究生，"反右"之后，一个被定为"右派"，一个当了团总支书记。所领导对两个研究生施加压力，两个为了自己的前途被迫揭发老师。从爸爸日常言谈话语中找了一堆"右派言论"。所里已打印好文件报科学院批准，爸爸被补定为"右派"，降三级。当时科学院院长是郭沫若先生，郭先生救了爸爸，没有批准所里上报的文件。

1962年，中宣部和文化部在人民大学开办文艺理论研究班，爸爸被调到人民大学主持研究班。研究班的学员是各省市主持文化工作的领导。课程有毛泽东文艺理论及古今中外其他文艺理论。爸爸主讲古今中外各流派的文艺理论。这段时间，爸爸每天只睡三四个小时，不停地写讲义，为学员翻译阅读材料。这段历史使爸爸在"文化大革命"中成了专讲"古人""死人"的反动学术权威。

爸爸立志要将古希腊的荷马史诗从古希腊原文用中国古诗词的韵律翻译过来。从 1952年到 1962年，他每天工作到深夜。爸爸在美学和文艺理论上有许多译著，商务印书馆及高教出版社一再要求出版，但爸爸总想修改得更完美后再拿出来。他翻译的著作中只出版了古希腊史和俄国文学史。在"文化大革命"中，我们家被抄了四次，爸爸一生努力工作的成果大部分被毁了。

1978年，"文革"后人民大学重建，校长找他谈话说："你一生的译著被毁了，是国家的损失，学校决定成立一个研究室，并为你配五名助手，把丢失的东西再整理出来。"爸爸一时高兴，当场突发脑溢血，7月28日离开人间。

我所知道的相关往事　皮公亮

1944年，乐山建南师管区突然抓走了缪朗山教授，当时王星拱校长立即营救，质问为什么抓人？师管区司令韩文源说，讲授俄语，赤化学生。王校长说，教俄语赤化，教日语岂不是培养汉奸

作者简介：缪铁夷，缪朗山之子，毕业于清华大学，现居北京。

赵师梅（1894—1984），辛亥革命首义者和元老，参加过同盟会。1938年去美国里尔大学留学，回国后任武大电机系主任。抗战时期，国民党往各大学派训导长以控制中共地下党活动。时任武大校长王星拱，思想进步。为了保护进步学生，王校长力请辛亥革命元老赵师梅教授出任训导长，目的实为抵制国民党安排的训导长对于进步学生的监控。赵师梅在任训导长时尽力掩护左派学生并营救过不少进步学生脱离危险，其中包括帮助当年在小滢纪念册中留言的缪朗山教授。（资料提供：郭玉瑛）

吗？韩无言以对，只好释放了缪朗山。1947年武大发生了"六一"惨案，6月1日清晨三个学生被军警枪杀，许多师生被捕，其中有外文系教授缪朗山，被营救出来后，缪决定去香港，当时外文系主任吴宓冒着白色恐怖危险亲自护送到机场。

王世襄留言

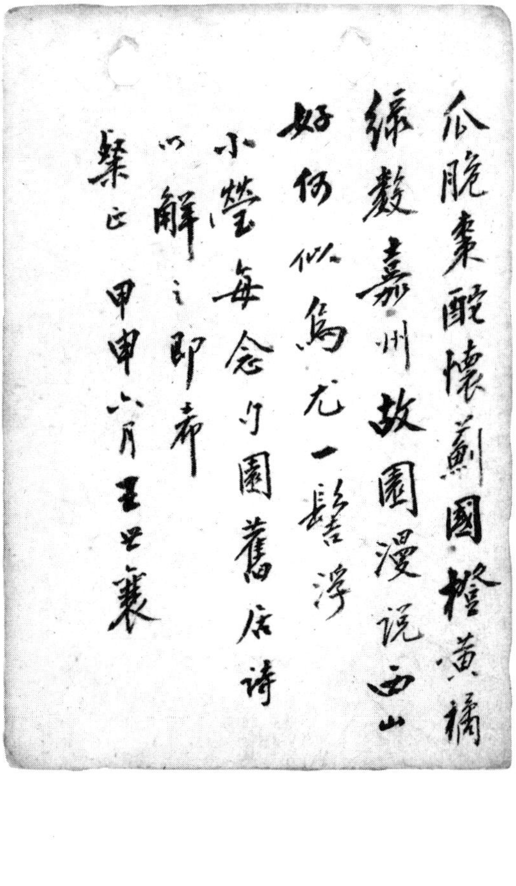

瓜脆棗醲懷薊國 橙黃橘
綠數嘉州 故園漫説西山
好何似烏尤一髮浮
小螢每念夕圃舊居詩
以解之即希 蔡正
甲申六月 王世襄

■ 瓜脆枣酡怀蓟国 橙黄橘绿数嘉州

故园漫说西山好 何似乌尤一髻浮

小莹（滢）每念勺园旧居，诗以解之即希粲正

甲申六月 王世襄

■ 王世襄（1914—2010），著名学者、收藏家、文物鉴赏专家，有"中国第一玩家"之称号。

有关王世襄先生的记忆

　　这是王世襄为我写的一首抒情诗。王世襄是个大收藏家，非常有才能。王世襄和我的母亲认识很久了，他们都在故宫博物院工作过。在抗战时期，许多古物都转移到四川乐山的山洞里，有一部分在乐山所谓的蛮王洞。王世襄去看那些古物，后来被狗咬了，是由我的同学杨衍枝当医院院长的父亲治疗的。我母亲要我陪她去找医生，可是没有找到，他只好想法坐小船去成都，但在路上又被蛇咬了，真是祸不单行。我记得他又回到乐山住医院，可是不记得他那天替我写的题词，肯定是被狗咬以前。我们和他一直有来往，每次去北京都去看他。他收藏了大量明清硬木家具以及笔筒、古琴等，当年美国大使喜欢中国古董也要请他当参谋，可是一般人不了解王世襄还是一个样样精通的行家，比如做饭，没有什么太多的东西就可以做出很好的饭菜。正楷字书法写得也非常好。养鸽子、玩蟋蟀也是他拿手。但是这样一位大家从外貌看上去，就像一个乡下人。二十世纪八十年代我总见王先生，那时他还常去日坛公园打太极拳，锻炼身体。近年因来去匆匆，没有去看望他。

我在乐山的一段回忆*　　王世襄

近日陈小滢女士以"散落的珍珠"为题在《文汇报》的"新书摘"栏连载对过去的回忆，引得我不顾老眼昏眊写了这篇短文。

1934年至1941年，我就读燕大，陈源、凌叔华和女儿小滢住在燕园西墙外的果园内，明窗对着西山，可览朝夕变幻之胜。我常走访，吃过刚摘下来的梨、枣。

1943年南下谋生，来到重庆。故宫博物院院长马叔平(衡)[1] 先生是我父亲的小学同学，看我长大的，有意任我为秘书。因纯为文牍工作而未就，转往李庄营造学社成为梁思成先生的学徒工。次年夏，叔平先生来函，告知如能请假两三周，可在乐山相见。那里有故宫的库房，如天气晴朗，开箱祛潮或许有幸看到一些南迁的文物。我欣然从命。

到达乐山那天就去看望陈源先生一家。小滢拿出笔记本要我题辞，写的就是《文汇报》中影印的那首：

　　瓜脆枣酡怀蓟国，

---

* 本文题为编者所加

[1]马衡（1881—1955），浙江鄞县人，字叔平，中国金石学家，考古学家，书法篆刻家。曾任北京大学研究所国学门考古研究室主任、故宫博物院院长。被誉为中国近代考古学的先驱。

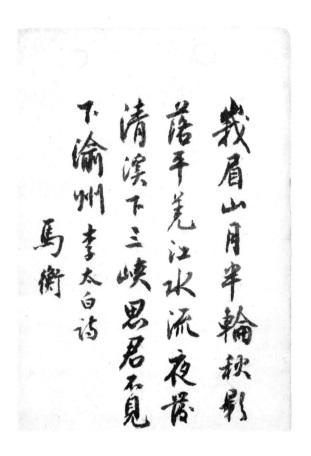

峨眉山月半輪秋影
落平羌江水流夜發
清溪下三峽思君不見
下渝州　李太白诗

馬衡

马衡先生题字

橙黄橘绿数嘉州。

故园漫说西山好，

何似乌尤一髻浮。

(乐山又名嘉定)

因刚见面她就说燕大果园如何如何好。我认为水果南北都有，论风景西山可远不如乌尤，意在宽慰她而已。(诗后题记，《笔会》印错一个字，把"粲正"印成"桀正"。)诗句早已忘得精光，见报才想起来。另一张照片是四十年后拍的，小滢母子坐在中间。右侧是我，左侧是老伴袁荃猷，在芳嘉园旧居的书房内。

次日我又去陈家，被院中的狗咬了一口。是否为狂犬不敢说，但必须打预防针，否则一旦发病，无可救药。乐山没有针剂，非去成都不可。长途汽车票十分紧张，须预订。幸亏燕大同学沈颖生住在车站附近，求熟人买到一张坐在车顶的票，过涵洞须匍匐车顶，故又名"趴票"。到了华西医学院，一个疗程十四针，打完假期已过。只好改乘下水的木船赶回李庄。

第一夜船靠有客店的小村，夜起如厕，觉得脚面被利刃刺了一下。手电一照，小蛇尚未远去，三角头，分明有毒牙。拣石头把它打死。回到客店，脚面已肿得很高。同船有当地人，告我此地有毒蛇，但咬人致死的极少，帮我挤了挤伤口，腿部勒带，减少毒液扩散。建议我不能再赶路，须住医院治疗。

前行到了苏东坡老家眉山，住进医院。十几天后才消肿而伤口尚未愈合。回到李庄，上岸一瘸一拐地走回学社。梁先生见我的狼狈相，对逾期归来未予谴责。此次出行根本没有见到叔平先生。

二十世纪七十年代末，我在文物研究所工作。伦敦维多利亚·艾尔伯特博物馆陈列部主任柯律格(Craig Cunas)先生来京，他正在研究明代文人的生活起居。我送他一本陈植先生注释的文震亨《长物志》。为了呼吁恢复传统范匏工艺我写的文章，经他译成英文刊登在期刊上。随后他以博物馆的名义邀我去参观馆内藏品，介绍去剑桥等地作有关明式家具的报告。在伦敦两三周的勾留，使我有机会去看望凌叔华先生。她单独住在一所老房子内，精神尚佳，拿出藏画和自己的作品给我看。

几年后小滢和她的英国汉学家丈夫来北京，住在友谊宾馆。他喜欢民间文学，请侯宝林先生吃饭，邀我作陪。平时听相声都经电视播放，这次同席交谈，总算和侯大师有一面之雅。

又过了几年，叔华先生身体已远不如前，想回京定居。她有一所房在史家胡同，宽敞舒适，但被居民委员会占用，成了托儿所。多次申请归还，未能如愿，只好又回伦敦了。

数年后，叔华先生已老病交加，独自来京，住在复兴门外公交车已到尽头的一所不起眼的医院内。她对我说："我死一定死在中国！"可能她认为再好的医院也难有回天之力，所以随便找个医院住下。两个多月内去看望她三次，送过一盆水仙花。记不清在春节前或后，她与世长辞。友好借医院的空房开了一个追悼会，唁电、唁函真不少，还有大幅绸帐，四个大字"驾返瑶池"之类。挽联只有我写的一副。文曰：

叶落枫丹归故里

谷空兰谢有余馨

后来小滢托人转告我，上面两句最符合妈妈的思想感情，已请人刻在茔地的石头上。

王世襄时年九十有四作者
2008年在《文汇报》上发表此文

陈小滢母子与王世襄夫妇于二十世纪八十年代初期

话说王世襄　张中行

他的所好和所能，如明式家具、葫芦器、蛐蛐罐，以致养鹰养狗，下厨房烧制名菜，都是我很感兴趣而又一窍不通的，心想，如果能够同他熟，就可以升堂入室，看看宋牧仲书案，赵子玉蛐蛐罐，等等，然后，恰值饭时，或可得留髡之估待，那就可以敞开肚皮，大吃其白煮什么，红烧什么，岂不妙哉。显然，这妙是想的，至于实行，就还是等机会。而上天不负苦心人，机会终于来了，而且是两次。一次是在琉璃厂的孔膳堂，记得是两年以后，《中华名匾》出版的招待会。参加的人颇有几位，我感兴趣的有通古董的杨仁恺，有以画驴（我最爱的一种家畜）闻名的黄胄，还有就是王世襄先生。

（本文作者为著名作家）

玩物不丧志　启功

我的一位挚友王世襄先生，是一位最不丧志的玩物大家。"大家"二字，并非专指他名头高大，实为说明他的玩物是既有广度，又有深度。先说广度：他深通中国古典文学，能古文，能骈文；能作诗，能填词。外文通几国的我不懂，但见他不待思索地率意聊天，说的是英语。他写一手欧体字，还深藏若虚地画一笔山水花卉。喜养鸟、养鹰、养猎犬，能打猎；喜养鸽，收集鸽哨；养蟋蟀等虫，收集养虫的葫芦。玩葫芦器，就自己种葫芦，雕模具，制成的葫芦器上有自己的别号，曾流传出去，被人误认为古代制品，印入图录，定为乾隆时物。

再说深度：他对艺术理论有深刻的理解和透彻的研究。把中国古代绘画理论条分缕析，使得一向说得似乎玄妙莫测而且又千头万绪的古代论画著作，搜集爬梳，既使纷繁纳入条理，又使深奥变为显豁。读起来，那些抽象的比拟，都可以了如指掌了。

（本文作者为著名书法家）

王世襄其人　　黄苗子

他是一个真正了解中国文化生活和民俗学的人（单是老北京的放鹰走狗，他就能如数家珍地谈上一天一夜）。他做学问爱搞些"偏门"，人弃我取，从不被注意的角度上反映中国传统文化。"文不雅驯，荐绅先生难言之。"（《史记》）畅安做学问并不单纯靠书本知识，他那本研究漆器的巨著《髹饰录解说》，是搜集了大量古代资料，再不怕艰辛地去走访远近的漆工，一条一条地记下他们的实践经验和术语名词，这种和有真知卓识的工匠交朋友，以今证古的治学方法，在这本明式家具中也充分体现。

香港的新闻界，早就流传出北京有一位酷爱明式家具的"妙人"，因在十年动乱中及以后一段时间没有房子摆放，把家具堆满一间仅有的破漏小室。这房子那时抬头可以看见星斗，在既不能让人进屋也不好坐卧的情况下，老两口只好蜷曲在两个拼合起来的柜子内睡觉。这位"妙人"就是王世襄。我曾赠他一联：移门好就橱当榻（改梁苣林句。移门指卸下柜门），仰屋常愁雨湿书。横额是"斯是漏室"。

（本文作者为著名作家）

张充和留言

你还记得我在落伽山变的戏法吗

小婴妹、

充和

■ 你还记得我在落伽山（珞珈山）变的戏法吗

　　　　小莹（滢）妹妹 充和

■ 张充和，1914年生于上海，祖籍安徽合肥，现在海外从事介绍中国文化的工作，并担任美国昆曲学会的总顾问。

[亲历]

有关张先生的印象

张先生是早年北大有名的才女，四姊妹个个貌美有才。她的三姐，就是沈从文的夫人。她书法、写作和昆曲样样行。小时候她给我做的游戏我已经没有印象了。二十世纪六十年代在国外见到她，她还是非常漂亮苗条。我想从张先生给我的留言可以看到她从年轻的时候，即使在抗战时期，就很有一种快乐好奇的心理，更可贵的是现在九十多岁的她还在好奇地追求生活，享受生活，她把许多新开拓与钻研都当作是玩。我想张先生不断追求创新的生活的心态也许就是与生俱来的。

[旁观]

缘分　梁文蔷

我初次听到张充和这个名字是在抗战末期四川北碚，那时我上小学六年级。大人们常提起她。所以，我知道她是一位才女，能诗

2006年梁文蔷（左）与张充和先生留影，
摄于梁文蔷家中

词书画，尤善昆曲。一晚跟着大人在街上走时，人群中有一位年轻女士，梳着两个发髻，一边一个，恍如画中美女。后来才知道她就是张充和。以后她的形象就一直这样地留在我的脑海深处。

2006年张充和到西雅图亚洲艺术博物馆开画展，我约友人同往。经人介绍后，她得知我是梁实秋的幼女，竟拉住我的手滔滔不绝地述说她与我父在北碚和台湾重晤时的往事。以后数日内，竟有机会与她聚会畅谈四次之多。她给我留下很深的印象，张先生是秀外慧中，才艺双全，待人温厚，外柔内刚，她的和蔼的笑容藏不住内心的执著与倔强。

她回家后，给我寄来了她与父亲的谈话录音和父亲抗战时为她写的墨迹。我今生有幸能认识这么一位可亲可敬的长辈，不是缘分是什么？

写于2007.6

作者简介：梁文蔷，1933年生，著名文学大师梁实秋先生的幼女。营养学教授，高等教育学博士。现居美国。

第三编

乐山少年的成长
——
同辈留言精选

小鲨姐留念

愿你按照

神去学习，

国的青年

李林（熙芝）留言

■ 小莹（滢）：

　　隔了多年不见，你忽然变成了一个美丽的大姑娘。我想等下一次我们见面的时候，你一要变成一位高贵的大小姐了。

　　希望那个时候，你不要忘记了"李姐姐"。

　　　　　　　　　　　　　　　　　廿九年十二月二十七日于良丰

■ 李林（1923—2002），著名的地理学家李四光的女儿，中国科学院院士。全国政协委员、曾任九三学社中央委员、全国青联副主席等职。

有关李伯伯和小林姐的回忆

这个留言的李姐姐，叫李熙芝，是李四光的女儿，她也叫李林。李姐姐是我从小就习惯对她的称呼。她是科学院院士。她生前很长时间身体不好，我们在电话上常聊天，她结婚时是在英国的一座海滨城市，是1949年夏天。我们一家都去了，还照了相，没有别人参加。我很小的时候就认识他们一家了。有一张照片在庐山照的，有她和我，在瀑布旁边。那时李林在珞珈山。李林告诉我说，早年我的父亲和她母亲曾经被人介绍，如果他们结了婚，那么就没有她，也就没有我了！她母亲是无锡人。我最后看到李林差不多是十年前，她去世之前我们曾经通过电话，她在电话里还唱了我小时候她给我唱的童谣！我父亲和李四光夫妇认识了差不多一辈子！父亲当年是帮助李四光夫妇从英国回中国的。李四光伯伯早年是中国同盟会当时最小的会员，孙中山很赏识他。他也是多学科的强人。临终前半年他还同医生说再给他半年时间地震预报就有结果。他也

1949年8月，陈小滢全家与李四光全家留影。

左起：李四光、陈小滢、陈西滢、李林、邹承鲁、许淑彬、凌叔华

坐落于武汉大学校园内的李四光雕像

是武大的功臣，当年武汉大学建校选址他是骑着毛驴去到珞珈山这个地方的，他认为这里的风水好，是个好地方。武大由此在珞珈山上发展起来，成为今天中国高校中一座最美丽的校园。

李林有一个女儿现在在美国。

[旁观]

我所了解的李林　　马胜云

我1955年秋毕业于北京地质学院，被分配到原地质部李四光部长办公室，从事地质力学研究工作。从此，就在李四光教授耳提面命之下，开始了我的地质力学生涯。由此我也有机会接触和了解到李四光的女儿李林先生的一些情况：李林先生是1923年10月底出生的，取名熙芝。1924年10月31日，李四光全身心地投入教学、科研，抽不出时间陪伴女儿李熙芝（李林）。夫人许淑彬，为不影响丈夫工作，等到中午吃饭时，才提醒：今天是女儿李熙芝一周岁生日。李四光辛劳一天，在工作之余的午后，才抱着一周岁生日的女儿李熙芝(李林)在北京东城三眼井西口住所摄像留念。母亲许淑彬原本想让独生女儿熙芝（李林）在钢琴方面有所发展，不巧熙芝六岁那年左手食指长了一个疮，疮伤愈合后，指头明显地短了一

李四光与女儿李熙芝（李林）在北京东城三眼井
西口住所摄像留念

1927年李四光和夫人许淑彬与女儿李林在上海合影

1949年李四光和夫人许淑彬与新婚的女儿李林、
女婿邹承鲁合影

点。因此，要女儿熙芝从事钢琴的愿望只好作罢。此期她受父亲李四光的影响也不小，她经常听到父亲挂在嘴边的是地质构造、矿产资源、第四纪冰川、古生物化石及岩石标本，还有显微镜等等，这些对女儿产生了不小的诱惑。李四光虽然喜欢独生女儿，但他从事着教学和艰苦的野外地质调查研究工作，常年奔波在长城内外、大江南北的山野，风餐露宿，就是回到家里，还要继续野外工作的整理、分析、实验等工作，很难抽出时间，无忧无虑地和女儿玩玩。所以能真正和女儿在一起共享天伦之乐的时候并不是很多。但是，正是父亲从事科学研究中那种不畏困难、坚毅执著的精神与工作作风潜移默化中在女儿的心底扎下了根。

1937年，"七七"事变之后，李四光带着全家在兵荒马乱之中历尽艰辛、颠沛流离。14岁的李熙芝初中未毕业，就从北京到上海又从上海到南京、武汉，随父母历尽艰辛辗转迁到了桂林。当时生活极为艰苦，由于过度辛劳，李四光的心脏病复发，但却无医院可救治，李四光忍痛到附近一个茶馆借一个竹靠椅，躺着休息，他努力支撑，仍然以高昂的爱国热情和严谨的科学态度教育学生、坚持工作。李四光的言传身教深深地教育着女儿熙芝，促使她在非常困难的抗战条件下坚持刻苦学习。熙芝决定提前报考高中。按规定未毕业的学生不能报考，她巧用了她母亲名字许琳（许淑彬又名许琳）的"琳"字，去掉"王"，既谐音，又同字，改名为李林，报名、考试通过，上了高中。1939年高中毕业后，李林又考上贵阳医学院，李四光及夫人不放心体弱的女儿去贵州远离自己，执意要她就近在广西大学就读。但广西大学没有医学系，却有地质系，李四光考虑到女儿的身体等情况，觉得学地质也不合适，就鼓励她学机械，李林是个孝顺的好女儿，她遵从父母亲的意愿，就读了广西大

1989年参加冰川研究会后，摄于北京李四光纪念馆门前。
左起：马胜云、邹承鲁、李林

学机械系。机械系毕业后，当时抗日战争刚刚结束，国内缺少工作和进一步深造的机会，李林于1946年由李约瑟推荐并申请获得英国文化委员会的奖学金赴英国留学。被介绍到伯明翰大学深造，在选择专业时，她向父亲征求意见。李四光希望女儿在力学方面有所造诣，因此建议她专攻弹性力学（Elasticity）。可是，打字员不小心，将Elasticity的E字错打成了P字，变成了Plasticity塑性力学，因时间紧迫，未经李四光过目，就将信发走了。于是，李林就读了理论金属学系，师从汉森（D.Hanson）教授。李林依靠坚忍不拔的努力学习，一年半的时间学习了必要的学位课程，完成《高纯铝的蠕变》硕士论文，获英国伯明翰大学理论金属学系硕士学位。又经父亲介绍到剑桥大学冶金系奥斯丁（G.W.Austin）教授实验室任实验员。李林在实验工作中的诚恳、勤奋，得到奥斯丁教授推荐为英国剑桥大学金属物理的博士研究生，她又靠自己的努力获得英国金属学会一份奖学金。开始潜心学习研究用电子显微镜观察金属材料表面的结构和性能。在剑桥一次同学的聚会上李林和邹承鲁（江苏无锡人，1945年毕业于西南联大化学系，次年他以中英庚子赔款公费留学化学类考试第一名的成绩被剑桥大学录取，直接攻读生物化学博士学位。他1951年回国后，一直从事酶学研究，成绩卓著）相识，不久相恋，虽然他们各自的学业都很忙，却以学子的独特表达方式传述着爱的信息。1948年李四光到英国参加第18届国际地质学会议，知悉女儿的近况后，很欣赏女儿的眼光，十分喜欢思维缜密、学业奋进的邹承鲁。1949年8月25日，李四光在英国一个海滨城市主持了他们的婚礼。

李林对于偶然选择的专业，并不掉以轻心。经过刻苦攻读，于1951年完成《低碳钢的时效硬化》博士论文，答辩获得博士学位（成为中国第一个用透射电子显微镜研究金属材料的科学家）。为排除当时国际反华势力的阻挠，没等拿到博士学位证书，她在论文答辩后的第二天便独自一人乘船经瑞典、苏联回国。事隔30年后的1981年，李林的导师纳丁教授来华访问，才把剑桥大学颁发给李林的博士学位证书带到北京交给李林。

李林回国后，和丈夫邹承鲁都在上海工作，李林在中国科学院冶金研究所为周仁所长、吴自良先生做助手，先后完成：球墨铸铁的研究（其成果于1956年获中国科学院自然科学奖三等奖）、包头铁矿耐火材料抗腐蚀问题研究（其成果获1981年度国家自然科学奖三等奖）、硼矿的研究等。1958年李林调北京到中国科学院原子能研究所，开始了为开拓我国反应堆材料研究这个新领域的工作（之后工作调动多次，她无条件地以国家的需要为自己志愿）。

李林调北京后，我才和她见面，但都是星期天的间隙瞬间，因为一个星期她只回家探视父母和小女儿一次，星期六晚上赶回来，星期日下午匆匆走。1961年地质力学研究所搬迁，李四光老师临时住在北京东城西总布胡同，李老师感冒发烧，住进医院，李林先生从医院回来住在西总布胡同，我也住在西总布胡同，此时我问过李林先生一些往事。她海阔天空，无所不谈。

我的生活清贫、衣着俭朴，寡言少语，她常主动问我需要什么？家里情况怎样？需要什么帮助等等。之后的多次接触使我深深感到李林先生平易近人，关心人，平等待人，踏实工作，热心助人，毫无怨尤。

1958年至1998年李林先生被聘为全国政协第三届青年委员，第五、六、七届全国政协妇女委员，第八届全国政协科技委员，全国"三八"红旗手。

1980年邹承鲁、李林先生被授予中国科学院院士。

> 贺兰山前草上(原？)，李堂一生几安危：林深只因自然美，院浅也种傲霜梅，士者淡泊寻常事，七载萍聚多栽培，四季忙碌为强盛，生平报国无后悔，日月清风都是情，好人一生是丰碑。
>
> （此为吴水清贺李林院士七四生日诗）

一家三口同为中国科学院院士，又同为全国政协委员，在中国也就是李四光和他的女儿李林、女婿邹承鲁。

这样一位不平凡的女科学家，我们不能忘记。

2007年10月18日

作者简介：马胜云，1928年出生，李四光生前秘书，地质力学研究所研究员，长期主持李四光纪念馆的日常工作。现居北京。

查全性留言

自古是:「良藥苦口利於病」
但 希望 你 發明 的 藥 能
像 糖 一般 的 可口,使 將來 的
小 孩子 不像 你 小時候 一樣
吃藥 要 別人 捏 了 鼻頭
灌!
  金曦
三十年八月三十日

我 認為 歷史 上 最
偉大 西 位 女姓 的
名字 是 Florence
Nightingale 和
Madame Curie 希
望 你 將來 成 № 3!

  金曦
卅九年二月六日

■ 自古是："良药苦口利于病"，但希望你发明的药能像糖一般的可口，使将来的小孩子不像你小时候一样吃药要别人捏了鼻头灌！

全性

三十年八月三十日

■ 我认为历史上最伟大两位女性的名字是弗罗伦斯·南丁格尔和居里夫人，希望你将来成为第三个！

全性

三十五年二月六日

■ 查全性，1925年生。电化学家，中国科学院院士，现居武汉。

查家记忆

查全性大哥1925年出生，安徽人。他的父亲查谦先生是华中工学院（今华中科技大学）的创始人之一，首任院长，为这所大学的发展打下了坚实的根基，形成了醇厚活泼的教学学风。

查大哥是我小时候的好朋友，他们哥仨（其恺，其恒）都是很不简单的人物。查全性和他的弟弟全是我从小最熟的人，我常去他们家蹭饭。因为查伯母喜欢女孩儿，她生了三个男孩儿。查大哥1950年毕业于武汉大学化学系，后来又到莫斯科学习，从事电极过程研究。现在是"文革"后最早任命的中科院院士。他主编了我国第一部有关电极过程的专著《电极过程动力学导论》。查全性大哥还是第一个在"文革"后提议恢复高考的学者，由于他的呼吁，高

查家二哥其恒这个留言很简单，小时候我想不到很多，但是今天看来，这个长长的空白似乎有一些先兆，总让我感觉意味无穷。是让我走自己的路，等待历史做评判。走自己的万里路。就在他为我题字的不久就溺水身亡了，非常可惜。是个人才。

—— 小滢注

考恢复了。

　　查大哥给我题词的时候还很年轻，但是那时他就像我的亲哥哥一样鼓励当年想学医的我，做南丁格尔和居里夫人一样伟大的人，做对国家有用的人。还开玩笑似的希望我发明一种如糖一样好吃的药，使小孩儿吃药别像我小时候一样要让大人捏着鼻子灌。今天读到这些，我想其实这也是查大哥一生的追求，他刻苦钻研自己的学科，不断创新人生，并取得令世人瞩目的成绩。二十多年前他去英国时专门去我家看望我。今年我们还在一起聚会，八十多岁的他从武汉赶到北京和我们团聚，现在也关心着本书的出版。请看下面这篇文章，此文详细介绍了查大哥在中国"文革"后建议恢复高考问题上的过程，反映出恢复高考的决策对于中国教育的发展和人才的培养产生的巨大影响。

查全性三兄弟：上为全性，他是老大，左为查其恒是老二，在上海读大学，大约1947年暑假回珞珈山家中在东湖游泳溺水身亡，右为最小的查其恺，朝鲜战争时参军，后在大连海事大学任教，2003年因病去世。

——皮公亮注

青年全性（摄于1941年）

[旁观]

查全性院士——倡导恢复高考的功臣　龚向前

（原文：一声春雷满园绿）

1977年8月初，盛夏的北京有些闷热，走在街道上的行人不断拿出手帕擦拭脸上的汗珠。老人们则摇着扇子，哼一曲京调，想驱散这炎热带来的烦躁。只有偶尔吹来的微风摇响树叶，给北京市民带来一丝凉爽。就在这时候，人民大会堂里的一群知识分子却在紧张地忙碌着他们的会议，当时，谁也没有料到这是一次改变中国科学和教育形势的会议。

此时，第三次复出的邓小平组织召开了这次科学和教育工作座谈会，是中国教育史上一次具有重大转折意义的会议。参加这次座谈会的都是来自中科院和名牌大学的学术、科研带头人，还有许多中外闻名的大科学家。座谈会没有确定主题，就是要大家畅所欲言，谈谈我国科学界和教育界存在的问题。小平同志每天都准时到会，并认真听取每一位同志的发言。会议越开越活跃，大家打开天窗说亮话，把一个个问题摆出来，一个个点子献出来。查老回忆道："会议有点'神仙会'的味道，涉及的内容很广泛。"此前，教育部曾召开了粉碎"四人帮"之后的第一次全国高等学校招生工作座谈会。与会者声讨"四人帮"，批判"白卷英雄"，但在讨论中心议题时却一筹莫展。当时高等教育领域还笼罩着两片乌云：一是"七二一道路"，一是"两个估计"。"七二一道路"，即大学要走上海机床厂从工人中培养技术人员的道路；"两个估计"，即"文革"前17年教育战线是资产阶级专了无产阶级的政和知识分子中的大多数是资产阶级知识分子。这次招生会议基本维持前几年"自愿报名、群众推荐、领导批准、学校复审"的老办法。

8月6日，查全性谈及招生一事，知识分子的良知和对祖国未来的忧虑驱使他勇敢地站出来，大胆倡言：从今年起就要改进招生办法，不能再忽视新生质量了。他说："招生是保证大学质量的第一关，像工厂的原材料一样，不合格的原材料就不可能生产出合格产品。当前新生质量没保证，主要矛盾是招生制度。不是没有合格人才招收，而是现行招生制度招不到合格人才。"他还列举了当时招生制度的种种弊端：既埋没了人才，又败坏了社会风气，还影响了中小学教育；有培养前途的青年选不上来，而一些不想读书、文化程度又不高的人却占据了招生名额；招生还没开始，已经有人在请客、送礼、走后门了，甚至连小学生都知道："上大学不需学文化，只要有个好爸爸。"

接过查全性的话，教学所吴文俊、长春光机所王大珩、上海有机所汪猷等科学家相继发言。在座的科学家插话踊跃，情绪热烈，一致建议国务院下决心对现行招生制度进行改革。小平同志沉

查全性院士近照

思了一会儿认真地说："招生制度非改不可！只是今年可能来不及了。""还来得及，今年正式招生还没开始。"查全性急切地回答。小平同志转过身问教育部部长刘西尧等人："你们看来不来得及？"大家纷纷指出："虽然招生会议已开过，但招生工作尚未开始，要改变还来得及。"查全性还补充了一句："宁可晚几个月招生，不要又招二十多万不合格的。"看到大家积极性高涨，小平同志当机立断，斩钉截铁地说："来得及的话，今年就开始办！"话音未落，掌声爆发，经久不息。

恢复高考的重要信息如一声春雷，全国人民欢呼雀跃。被压抑了十几年的几千万中学生，甚至已届而立之年的"老三届"，做梦都没想到会有这一天。仿佛一夜之间，尘封十几年的中学课本，变戏法似的从床底下、墙旮旯、废纸堆里被"请"了出来。"有旧课本吗？"一时成为年轻人见面打招呼的常用语，以致1977年冬季和1978年夏季报考大学的考生竟达1160万人！当时百废待兴的中国拿不出足够的纸张来印考卷，为解决77级的考卷用纸，中共中央决定调用印刷《毛泽东选集》第五卷的纸张。

提前一年的恢复高考，就意味着几十万青年改变了生活命运，国家增添了几十万栋梁之才。在当时人们还徘徊于"左"的怪圈时，作为一名学者，第一个站出来为民族教育大声疾呼，这是何等的胆识与魄力！从那时到现在21年多了[1]，查院士的学生换了一茬又一茬，但他还念念不忘77级至79级的学生。他说："77级至79级的学生整体素质，比以前和以后的都要相对高一些。"

多年来，高考的成效有目共睹。而这位当年倡言恢复高考的科学家，如今却认为现行的高考制度到了非要改革不可的时候。

查院士坦率地说："现行的高考制度越来越严重地成为中小学教育的'指挥棒'，使'应试教育'盛行，严重影响着'素质教育'的实施。"他说，这么多年来，大家越来越认识到，单靠几分差别就判断一个人学业好差，这不科学。假如风气正，推荐也不是坏事。他认为一些省、市明年高考采取"3+X"形式，是一个值得从事的尝试，但也要防止学生"偏科"。研究生招生考试包括面试、口试等办法，在有条件时本科生招生不妨试试。前苏联就很重视面试、口试。

查院士还谈到，事物总不免有两面性，有些事情令人遗憾。他说："当年录取的青年人，特别是攻读自然科学的，有相当一部分由于种种原因出国深造后，至今未回。我深切期望他们在致力发展世界科学的同时，能以各种方式报效祖国。"

---

[1] 本文发表时间为1998年，但今天本文所述观点仍具有很大现实意义
——小滢注

皮公亮留言

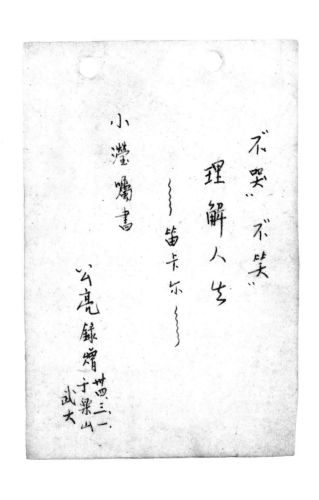

不哭……不笑……

理解人生

～～笛卡尔～～

小滢嘱书

公亮录赠 卅四三一

于梁山

武大

■　"不哭""不笑"。理解人生。　——笛卡尔

小滢嘱书

公亮录赠于乐山武大

三十四年三月一日

■　皮公亮，1925年生，《长江日报》资深记者。现居住武汉。

皮大哥是我的好朋友

皮公亮大哥的父亲皮宗石（1887—1976）是著名教育家，也是我父亲的老朋友，字皓白，号海帆，长沙人。早年入长沙城南书院，1903年留学日本东京大学，1905年加入同盟会。1912年回国，曾从事反袁活动遭通缉。后赴英国留学。回国以后创办《现代评论》，后来担任湖南大学校长，全国解放后任中南财经委员会委员。皮公亮大哥是《长江日报》经济版资深记者，曾任湖北新闻工作者协会理事。他是我多年的好朋友，从小我就很佩服和尊重他，我母亲也很喜欢他。分别多年后，这几年我们时而见面。他现在还是武汉大学校友总会理事，武大武汉校友会副会长。他是武大校友中对武大校史较为熟悉的人之一。

皮公亮在乐山文庙
武大文学院前

青年皮公亮

我和陈小滢是世交　　皮公亮

我没想到小滢小时候的纪念册保存得这么完好。2007年4月，我们当年武大教工的子女在北京聚会时，小滢把纪念册拿给我看，上面竟还有我给她的题字："不哭，不笑——理解人生"。这是引用的笛卡尔的名言。笛卡尔是法国哲学家、数学家、物理学家，唯物论的奠基人。

我先认识小滢的父母陈源、凌叔华。那是小滢还没有出生的1929年。她的父母新婚不久，从北京来武大。那时珞珈山的武大校舍还没有盖起来，他们刚到武昌，没有租到房子，先暂住我家。我父亲皮宗石与陈源在英国留学时是同学，回国后，又先后应北大校长蔡元培之聘同在北大任教，因志同道合，与北大教授王世杰、周鲠生等共同创办《现代评论》。陈源小我父亲，我称他陈叔叔，称凌叔华为陈婶婶。

他们住我家时，我四岁，每到吃饭时间，我去请他们出来吃饭。有时大人还带着我们小孩，在房前草坪上玩或照相。1932年，武大新校舍建成后，我们同时搬到一区（十八栋）教授住宅。这时，小滢出世了。所以我是看着小滢长大的。但她那时小，我们男

2004年11月陈小滢与夫婿秦乃瑞（右一）来武汉，皮公亮夫妇宴请他们时留影

孩子不会和她玩。

1936年，我父亲调湖南大学任校长，我们家离开了珞珈山。1944年，我高中毕业，时逢日寇南进侵占湖南、广东、广西，我沿途逃难到乐山进了武汉大学。当时陈叔叔到国外去了，陈婶婶带着小滢在乐山，我去看她们，陈婶很高兴，过几天陈婶请我吃饭，小滢当时是初中生，我们三人坐小板凳，围着小方桌，陈婶对我说："皮先生，不客气，随便吃！"我吃惊地说："陈婶，怎么这样称呼我？"她笑着说："你长大了，上大学了嘛！"抗日战争胜利后的1946年，武大复员回武汉，陈婶带小滢也去国外找陈叔叔了，我们从此分别。

1990年5月，我突然收到中国作协寄来的讣告，凌叔华在北京去世。我不知道陈婶什么时候回到北京，中国作协又怎么知道我与她的关系，我猜想是她的干女儿杨静远提供的线索。我立即拍去唁电。后来从杨静远姐那里知道：陈婶1989年年底就回国在北京石景山医院度过了最后的七个月，她患的是乳腺癌，几年前在伦敦动了手术，这次复发并已扩散。

1996年4月中旬，小滢第一次回到她的出生地——武汉，她有一个关系很好的小时同学郭玉瑛在这里，她主要是来看她的。她让郭玉瑛设法找到了我。我在高雄宾馆等她。我与小滢在乐山已分别五十年了，当她出现在我面前时，我脱口而出："你好像你爸爸！"她在武汉只停留两个晚上，她要去看武大周如松教授（周鲠生老校长的长女）、已百岁的著名画家端木梦锡（小学老师）。第二天，我从单位要了一个小车，陪同她去拜访了这两位长者。我还请她吃了武汉著名的小吃。

2004年，她再次来武汉，这次她与她的夫婿秦乃瑞先生同来，秦是英国人，但汉语说得很好，我请他们吃了只有长江里才有的鮰鱼，并合影留念。这以后我们常有信件、电话来往。早两年我学会了电脑，E-mail来往就更方便了。

回到开头我给小滢的题词"不哭，不笑——理解人生"，我的体会是遇到挫折、遭遇困难时，不气馁，始终保持乐观的态度；取得成绩、获得赞扬时，始终保持冷静平和的心态。我自己正是按这句格言去实践的。

作者简介：皮公亮，1925年出生，《长江日报》资深记者，曾任湖北省新闻工作者协会理事。现居武汉。

余桢留言

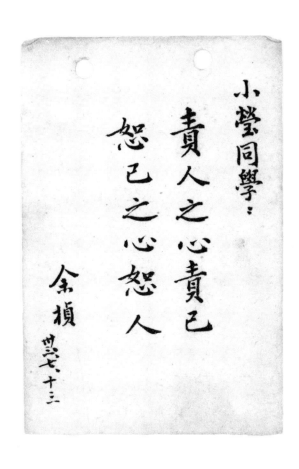

小瑩同學：

責人之心責己

恕己之心恕人

余楨

卅七、十三

■ 小滢同学：

责人之心责己

恕己之心恕人

余桢

三三、七、十三

■ 余桢，抗美援朝战争时从清华大学参军，离休前为空军指挥学院教授。现居北京。

难忘当年　　　余桢[1]

我和小滢是少年时的好朋友。顽皮的小滢小时候经常与我们男孩子在一起玩，我们的友谊可以追溯到父母那一辈。我不记得当年是怎么给她题的字，在哪里抄的名言我也忘记了。但那时人们都追求光明，追求进步的人生，所以很多题字就非常有意义，今天看来更觉得别有一番滋味。

我的母亲生下我们姐弟6人。在抗战期间，我父亲余炽昌担负着武大繁重的工科教学任务（父亲当时任武大工学院院长），

---

[1] 余桢是我小时的好朋友。看当年他的题字，十几岁竟然如此胸有城府，令人称奇，其漂亮的小楷也让人羡慕。我相信很多读者会和我一样佩服他的才华，相信他题字的内容会对更多人的成长有一定的教益。
　　　　　　　　　　　　　　　　　　　　　　　　　　　　——小滢注

没有时间打理家务，琴棋书画样样行的母亲因此做了全职家庭主妇。她为我们的生计操劳，每天买菜做饭，缝缝补补，连我们6人穿的鞋子都要一一缝制，经常点着油灯做针线活儿，一直干到深夜。但是她只要有一点儿时间，我们就可以得天独厚地得到她古典文学、绘画和书法的直接教授。今天想来，母亲的山水画、人物画是有相当水平的，之所以没能够做出更大的成就，主要是家务的拖累，甚是可惜。

我家原来在乐山的陕西街山上住，在抗战后期日本飞机空袭频率减少后，就搬到了离小滢家很近的地方。我母亲和小滢的母亲原先就很要好，现在离得近了，两位母亲因为共同的爱好，接触就更多了。有一天，母亲正在教我们几个孩子绘画，小滢的母亲来我们家。母亲马上对我们说，陈伯母可是最了不起的画家，她画东西又快又好。于是在母亲的邀请下，热情的陈伯母就在我哥哥的纪念册上画起来。我清楚地记得，陈伯母几笔就勾勒出一棵白菜、两支稻穗，并在空白处题诗一首：

稻穗黄，充饥肠。菜叶绿，做羹汤。万人性命，二物担当。几点涡涡墨水，一幅大大文章。

陈伯母的蝇头小楷漂亮得很，实在令人羡慕。几十年过去

余桢母亲罗静庄当年给小滢的留言

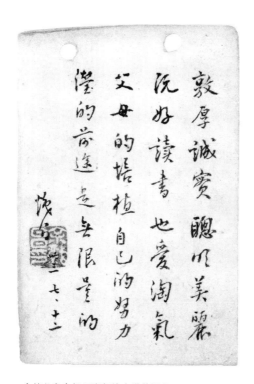

余桢父亲余炽昌当年给小滢的留言

了，可这情景我却记忆犹新。

1946年，小滢全家去了英国，从此我们就失去了联系。近年，当热情的小滢回国旅游，重新将我们组织在一起时，我们大家激动的心情真是难以形容。我激动地写下一首题为《聚会》的七律，表达了我的心情：

儿时心绪楚江天，

稚气真情盈宇环。

东湖清漪如西子，

珞珈荟萃胜桃源。

风雨蹉跎几十载，

是非功过何可言。

皓首有缘重相聚，

笑谈声里泪涟涟。

余桢口述于2007年12月5日晚

高艳华整理

作者简介：余桢，抗美援朝战争时从清华大学参军，离休前为空军指挥学院教授。现居北京。

刘保熙留言

小莹友：

　　己所勿欲

　　勿施於人

这是一句格言一句很有理的格言
望临审记！

小滢友

己所勿欲

勿施于人

这是一句格言一句很有理的格言！

望你牢记

保熙于附中

三五、七、十七

刘保熙，1928年出生，退休前在外交部任职。

从珞珈山到乐山　　　刘保熙

　　抗战初期的1932年1月28日，日本轰炸上海，本在商务印书馆工作的父亲，就带我来到珞珈山武大经济系任教。我最先认识的小朋友就是陈小滢。后来我又拜了四位干爹干妈（周鲠生夫妇、皮宗石夫妇、查谦夫妇、杨端六夫妇）。我母亲又认了四个干儿子，其中一个是查谦的小儿子查其恺，一个是周鲠生的小儿子周幼松。那真是热闹非凡。有一段时间，小滢父母陈源（西滢先生）凌叔华夫妇因为工作经常不在家，就组织了四个差不多大的小孩的家长，联合起来轮流管四家的孩子。当然各位家长都要准备讲故事、做游戏，还要准备一些玩具小孩换着玩，大家玩得很高兴，身心都很健康，这张照片就是在小滢家门口照的。（见小朋友照片）记得小滢妈妈有一张去汉口中山公园过儿童节的票，可带两个小孩，就带我和小滢去了。那时儿童节是四月四日，我们穿上新花裙子，母亲嘱咐我不能给陈伯母添麻烦，要这要那，让我让着小滢，因为我大几岁，是姐姐。我们乘汽车到江边，又坐大轮船过了长江，到了中山公园，从一个门进去，这里看看那里转转，又从另外一个门出来，就像看新奇世界似的，最后每个人吃了一个麦卷冰淇淋，两个孩子都没见过，美得我们不得了。后来我们逐渐长大，进了武大附小，有一年冬天珞珈山大雪，据说武汉没见过这么大的雪。我和邻居汤佩松教授的儿子汤又龙还打雪仗，躺在两家门前的路上休息。

可是好景不长，1937年"七七事变"发生，武大要西迁，最后决定去四川乐山（又名嘉定），迁移的组织工作做得非常好。学校的书籍和实验的仪器包装好运到乐山完整无缺。人员也是一批批地乘船，我随家长乘轮船，上水较慢，我不懂风景，过三峡时，只看到大家照相，船歪到一边，船长马上广播："大家注意安全，不要站到一边，回到自己原来的地方。"沿途还有许多纤夫拉着小船逆行，就问家长怎么回事，家长都说："那些人生活困难就只好出来卖苦力拉纤，拉不动时还得用双手帮忙爬行，很辛苦。"

到乐山我们被安排在鼓楼街（号码记不清了）一个很大的院子，前面两套是周鲠生家和陈源家。天井后的两边就是我们家和杨端六家。当时乐山只有一条很繁华的街，城内外有电灯，没有自来水（靠挑井水或河水），文化、生活都算贫穷地区。但当地百姓他们很热心欢迎我们，凡是空着的地方，大点的房屋都留给我们用或盖房。我们住的虽是四家，实际常住只有两家，周家因在重庆有工作一时来不了，就把很多书和不急用的东西放在这里，孩子们放寒、暑假来住，陈家的房子就一直空着没来住。

乐山有美丽的风景，河对面的大佛寺、乌龙寺风景秀丽，大小孩还可以爬到大佛的头顶上或耳朵里照相，但我们不敢，我们爬

幼稚园的伙伴（左一刘保熙，右一陈小滢）

刘保熙和汤又龙（武汉大学汤佩松之子）

左三刘秉麟，右三刘保熙，右二陈源，右一周鲠生

不上去，看看都有点害怕。我家曾与杨端六，袁昌英夫妇等人游了闻名的峨眉山，是乘滑竿上、下山的，没走多少路，所谓滑竿和轿子相似，用两根很粗的竹棍，绑上用竹片做成的半躺式椅子，脚可以踏在另一块竹片上，前后两人抬，步伐一致才平稳，有的轿夫有劲，有的不行就靠抽点鸦片提劲。游客中有人做了一首打油诗："分明坐在人头上，为何叫我脚底人。"原来乐山人称从长江下游来的人叫"脚底下人"。

日本轰炸乐山的记忆　　　刘保熙

　　1939年8月19日，听到空袭和紧急警报，我们跑进家里自建的四周是木结构、顶上和周围用沙袋围着的防空屋。我用双手捂着耳朵，母亲从厨房出来，边擦手边进来，周鲠生先生的大儿子周元松是中学生，把八十多岁的小脚老太太（经济学家杨端六的母亲）背进来放下后就冲到天井看空中情况。大家呼吸感觉有点困难，就找我母亲手上的湿毛巾呼吸，元松边喊边走过来说："大家快出来逃生吧！飞机已走了，火势太大，只能向北方逃。"母亲拉着我，杨静远拉着弟弟已往外走了，元松背着杨老太太出来还把门关上了，外面火势极大，烤得极烫，街上无行人，只有许多奇形怪状的东西黑呼呼地，我想看清楚是什么，就问母亲这是什么，那是什么，母亲拉着我说："不能回头看了，否则我们也是这些怪样子啦！不要问了，记住，这是仇恨！日本人造成的，让老天爷保佑我们平安吧！"好不容易走到东北边的一条巷口，安全了，什么形象声音都没了。走到文庙（武大校址）看到父亲，全家三人抱头痛哭，父亲说："只要人在，人平安，人可以创造一切！"

日本轰炸乐山后的废墟

　　下午和晚上是在余炽昌先生家过的（就是余桢的家），他家人较多，地方略大一点，还有一个小院子，可以落脚。第二天，天蒙蒙亮，父母就带我去看鼓楼街的家。哎呀！只见院内一片瓦砾，地上热呼呼的，院内的厕所粪坑里还有一枚未炸的燃烧弹，多危险呀！周家那么多好书都成了一堆堆的纸片，字迹十分清楚，但只要一碰就倒了，成了灰。两面的封火墙已倒，北面的墙完好无损，墙的那边平安无事。（见照片）母亲从住处挖出一些首饰，两只戒指、一个镯子、一对耳环，这是他们的结婚纪念。这样我们真是一无所有了！只有母亲用昨天带出来的毛巾一直擦着眼泪。后来还听母亲说杨老太太的阿姨已挖走老太太的财宝了，我们进去时她刚出来，我就在院内拾了一块弹片作为永远的仇恨！接着我们去另一位朋友（颜如）家，正好在她家见到静远和弟弟，也见到了杨干爹和干妈，大家相对哭泣，杨家老太太也在那里坐着，说不出话，也动不了了！

　　学校开始发了一点生活费，给了一点粗布，自己做换洗衣服。

正好有一家人出门避暑，把房子借给我们暂住。后来武大又发了点大约二百元钱让我们去郊区找房子盖房子。经过打听，岷江对岸的柿子湾还有一块地可租了盖房，当时已有六家住在那里，缺点是没有电灯，只能用油灯，晚上出门只能用有玻璃罩的马灯或火把。用水可以请人挑，洗东西可在河边，比较方便。门外有条公路还没修完，公路过小河的木桥已修好，可在桥下洗衣、洗菜，水很清。就这样我们从无到有，算有家啦！唯一要注意的就是怕水灾或火灾，每年水灾较大，可以淹过公路，离我家五十米；另外火灾要注意，因为是简陋的草房顶，只能小心再小心！

乐山被炸后没有中学可上，我已小学毕业怎么办，父亲就从武大图书馆借来古文《论语》、《孟子》、史地书，当上了我的老师，有些要背诵的古文就抄下来慢慢背，后来又找了一位美籍牧师教我英文，每周去他家一次，用图片学英文字母、单词。大约半年后牧师要去别处，不教我了，父亲又买了毛笔、砚台，手把手教写毛笔字。我记得是赵孟頫的字帖，我也订了学习计划，生活得很充实。我似乎觉得长大了许多。父亲不仅是慈父也是严师，教古文讲得真耐心，不愿意背也不行，总是用道理说服我。还帮我设想我的前程，他很喜欢当老师，也希望我当老师，还说要帮我在学校工作，或者帮我办学校，最后还出主意说："我和你办一个南照学校行吗？"（南是他名字南陔的南，照是取我名字的照），他总是和言细语地鼓励我，最后的一句话就是："这是为你的前途呀！"我没有回答，只有认真去学习，去背诵，去写字，以后他就鼓励多、批评少，而我也学得认真高兴啦！

当时武大教职员工子女和当地老百姓子女失学人很多，乐山县政府没有师资力量，武大同仁就提议武大牵头办"武大附中"或

"乐嘉中学"，并由涂允成老师牵头，四处奔走、联系。乐山棉纤围了两个地方，一处是一个破庙，空着许多大房间，还有操场可做实践，另给一处办高中。老师都是武大的教师来兼课。这样还能帮助生活困难的老师，初中高中一年两年办起来了，到三年就是完整的中学。升学率可高了！我和小滢、吴令华等许多老同学都插班进了中学，校风很正，还有进步老师来教课。（后来我们才知道那些老师没教多久就走的原因）我们是同班同学，要分开时就请老师、同学，或武大的老师，父母的朋友、乐山的名人为我们的纪念册留言、留画，鼓励我们成长。我也有一本自己做的很漂亮、很有纪念意义的留言册。其中陈伯母（小滢的母亲）的清秀毛笔山水画最可爱！父亲的朋友们给我一些外国邮票（亚洲、欧洲、美洲国家），我又做了邮票本。我很喜欢音乐，女老师教了不少当时的革命歌曲，如《游击队之歌》《黄河颂》《嘉陵江上》《念故乡》等等。我留了不少歌片夹在歌本里，上中学后我每天要过两次河（早、晚）就和船夫们混熟了，学会了划船、撑船、掌舵。这真是一段丰富多彩的青少年时代！纪念册、邮票本、歌本、弹片四样是我最珍贵的东西，可惜"文化大革命"中统统销毁了。

抗战胜利后我们才又回到珞珈山。

作者简介：刘保熙，刘秉麟之女。1928年出生，退休前在外交部任职。

缅甸青年留言

သူငယ်။

တရုပ်ပြည်ကြီး လွတ်လပ်ရေး
ရအောင် ကျွန်တော်တို့ ကူယ်
နတာ ဝန်ဖြစ်ပါသည်။

ကိုလေး
ဝေါင်းရင်

■　永（音译），中国的独立解放事业是我们
青年人的责任。

哥雷（王英汉）（音译）
1944年11月11日于洛桑市

■　王英汉，缅甸青年。

正义的力量

这位缅甸人，印象中是想到中国加入抗日，但是没有能够参加到军中。他好像有中国血统。翻译把留言译成永，是这样的原因，我父母都叫我"永"这个字，因为南方人一般把滢字念成永字。至今有些老同学还叫我"永"。我的一些老师还有把滢字念成"溶"字呢。洛桑大概是乐山。我们小时候都把乐山念成洛山，是四川音。从这个留言可以看出那时国际上正义的人们对于中国人民民族解放斗争的声援。

小滢母亲凌叔华画笔下的乐山

第四编

乐山回首，武大记忆

珞珈三女杰

皮公亮

1996年4月中旬，英籍华人陈小滢回到她的出生地——武汉。她是著名文学家陈源教授和著名女作家凌叔华的独生女儿，曾在美丽的珞珈山度过童年时代，后来随父母到英国上学定居，获得硕士学位，曾在美联社、BBC广播电台等单位工作过，她与英国一位汉学专家秦乃瑞教授结婚，一直从事苏（格兰）中友好文化交流工作，他们多次来到北京，与我国文化界上层人士接触较多。她这次来武汉是应武大附中同班同学郭玉瑛（武大郭霖教授之女）之邀仅停两天，主要是访问旧友。我陪她去武汉大学拜访了周如松教授（周鲠生老校长的长女）、李格非教授（她中学的老师），还拜访了年近百岁的著名国画家端木梦锡（她小学的老师）。见到小滢，使我想起她的父母，想起"珞珈三女杰"。

1932年珞珈山武大新校舍建成后，当时在珞珈山上有三位在中国现代文学史上有影响的早期女作家，她们就是武大外文系教授袁昌英、中文系教授苏雪林和文学院长陈源的夫人凌叔华女士。她们三人原来彼此就很熟悉，同住珞珈山后，来往更加密切，她们经常

1930年三个家庭摄于武昌文华学院内。

从左至右：前排皮公亮（本文作者）、杨静远，中排杨淑君（本文作者母亲）、凌叔华、袁昌英，后排皮宗石（本文作者父亲）、杨端六、陈源（西滢）

联袂出游武昌名胜——洪山、蛇山、奥略楼、东湖等地，为此人们尊称为"珞珈三女杰"。

上海社科院研究员、著名女作家赵清阁对她们评价很高，1990年赵撰写的《隔海雪林贺寿星》一文中说："没有她（苏雪林）和冰心、庐隐、冯沅君、凌叔华、袁昌英等先驱们的奋斗，便不会有后来妇女们的觉醒，也不可能争到妇女的解放、自由、平等，尤其利用文艺为武器而获胜，取得文坛一席之地，因此她们的贡献是可贵的、卓有成效的。"

袁昌英，受到不公正待遇，最后彻底平反

袁昌英，字兰子，又作兰紫，1894年10月出生于湖南醴陵。二十世纪二十年代就以作家和学者成名。她读书非常刻苦，两次去欧洲留学，第一次在英国攻读五年，于1921年获得英国爱丁堡大学的文学硕士学位，是当时在英国取得硕士学位的第一位中国女性。为此路透社发了电讯稿，英国的《泰晤士报》和国内一些大报都刊登了这条新闻。毕业回国后即与在英国认识的杨端六结婚。她在北京和上海教了五年书，生了一个女孩。1926年，她将女孩留给继母抚养，求知欲使她又只身去法国学习了两年法国文学。回国后先在上海中国公学任教，一年后即到武汉大学任外文系教授，直到1957年被错划为右派，被取消教授资格，她仅在武大就执教了28年之久。

她在武大几十年，教过的课程有希腊神话、古希腊悲剧、现代欧美戏剧、莎士比亚和英法散文、中英文翻译等。渊博的学识、深厚的功底、勤奋的积累为她的教学打下了坚实的基础，培养造就了一大批外国文学人才。后来成为知名作家、翻译家的叶君健就曾是

她的学生。著名经济学家、发展经济学创始人张培刚的法文就是她教授的。

袁昌英1922年就以《孔雀东南飞》剧作而驰名文坛，用话剧形式再现了中围传统的"婆媳"问题，成为时人爱看的名剧。接着她还写了不少剧本，她的《孔雀东南飞》、《活诗人》、《究竟谁是扫帚星》等6个剧本后来曾结集出版。抗日战争期间，她又写了《饮马长城窟》，成为中国女作家中从事戏剧创作较早的一位，也是中国女作家中少有的研究戏剧的学者之一。袁昌英的散文艺术，最大特色是融合中西文化，进行了抒情哲理化的探索。而她的散文中成就最高的要数《游新都后的感想》和《再游新都的感想》。同一个主题是在1928年和1934年两个不同的年份写下的，感情色彩虽截然不同，但人们还是认为出于同一人之手。早在1923年，朱自清与俞平伯同游南京秦淮河，两人以同一题目——《桨声灯影里的秦淮河》分别写成了两篇著名的散文。袁昌英的《游新都后的感想》，与朱自清、俞平伯的两篇被文坛誉为鼎足而三，其艺术技巧确已达到与朱、俞并称的地步，她的这篇散文被选入解放前中学国文教材，不是偶然的。

袁昌英还是一个热忱的爱国学人。早在海外留学时，她在一篇散文中说："我们到国外来固然是为了求知，但是不可把祖国的生命忘记了。如果我们国家消灭，我们求了学问又有什么益处呢？又有什么地方去实用我们所学的知识呢？……爱祖国即是爱世界，爱我们的同胞即是爱人类，所以我们对于国家安危问题，虽身在国外还是非注意不可。"抗日战争开始，她把多年积蓄的很大一笔钱捐给国家，支持抗日。1938年秋，她随武大西迁四川乐山，乘船路过宜昌时，她上岸去散步，遇见两个法国水兵正在欺压中国搬运夫；

她非常生气，立即上前用流畅的法语训斥了两个法国兵，使他们当面承认了错误。解放以后，袁昌英积极参加政治学习，思想上要求进步，继续在武大认真教学，还热情地把毛主席诗词译成英文。她加入了民主同盟，当选为湖北省政协委员，3次参加武汉文代会，并被选为武汉市文联执行委员，后又加入中国作家协会。

1957年她被错误地划为"右派"分子，免去了教授职务，下放到图书馆劳动。一年后，又以莫须有的罪名，由法院判为历史反革命，开除公职，交街道监督劳动。我亲眼看见她拿着大长竹扫帚在珞珈山来往人最多的二区扫马路。真可谓斯文扫地。"文革"的暴风雨中，"四人帮"对她迫害得更厉害了。1966年9月，与她患难与共一起生活了45年的伴侣杨端六去世后，她被迫搬出原来较宽的住房，住到一区一间狭小的房子。1969年12月，对她的迫害更加升级，她在珞珈山居住了几十年的权利被剥夺了，当作"五类分子"被勒令限期离开珞珈。

袁昌英幼年时在她老家湖南醴陵乡下度过12年，事业有成后，家中早已没有直系亲属，所以一直没有回去过。这时她已75岁，无处安身，远在北京的女儿杨静远（现为中国社科院外国文学研究所研究员）下放到"五七"干校，自顾不暇，幸好她老家有一位贫下中农是她从未见过面的远房侄子，愿意收留她，就这样她以"戴罪"之身，回到了阔别几十年的老家。回到农村后，她订了报纸，每天阅读书籍，写毛笔字。她关心青年的进步和群众的疾苦，有的知识青年请她补习英语，邻里请她写个什么报告或信，她都乐于帮忙，还有个女青年，在她辅导下考取了湘潭大学外文系。

毕竟她是年老体衰的人，身边没有一个亲人，心里话无法对人说，加上戴着沉重的"帽子"，心情怎么也不会舒畅，终于在返乡三年多后的一天含冤去世。尽管袁昌英遭到不公正的待遇，但是人们没有忘记她，她的不少学生、友人得知她被遣返回老家后，时常从各地给她写信，或给她寄钱，有的汇款甚至连寄款人是谁都不知道。在她逝世后有人不远千里寻到这个偏僻乡村，在她墓前致哀。1991年是袁昌英逝世20周年，武大长沙校友会在清明节派代表专程到袁老师墓前扫墓。

在这之前，1979年秋，武汉大学为她落实政策，改正了"右派"结论，同时，武汉市法院也撤销了于1958年所做的错误判决，袁昌英彻底平反了。但她没有等到这一天。被人们遗忘了的袁昌英，逐渐又被人们知晓了。李扬女士在《新文学史料》1981年第四期全面介绍了《作家学者袁昌英》，这以后出版的不少的名人辞典都列有"袁昌英"的辞条。1985年湖南人民出版社出版了《袁昌英作品选》，1988年刘运祺写了《袁昌英散文浅析》，1991年百花文艺出版社又出版了《袁昌英散文选集》。

在台湾，她的好友苏雪林发表了《哭兰子》，又写了《袁兰子晚年》。1983年台湾商务印书馆再版了她早年剧作《孔雀东南飞》及其他独幕剧，1985年台湾另一家出版社出版了《袁昌英散文集》。在国外汉学家中，也没有忘记这位中国新女性的先驱。如挪威奥斯陆大学一位中国文学研究者伊丽莎白·艾德女士，于1983年来到北京寻找袁昌英戏剧创作的资料，特别是对《孔雀东南飞》的家庭结构的心理研究，表现了极大的兴趣。会见了杨静远之后，她满载而归。

凌叔华，叶落归根，长眠故国大地

凌叔华，原名瑞棠，笔名叔华、素心，是三女杰中年纪最小

凌叔华二十世纪六十年代于新加坡

的。她是广东番禺人，1900年在北京出生，1926年燕京大学外文系毕业。由于在《现代评论》、《新月》、《晨报》副刊上发表大量作品，结识了《现代评论》副刊主编、北大青年教授陈源，不久与他结为伉俪。

　　1926年凌叔华发表短篇小说《酒后》，一举成名。后来她将作品结集为3本短篇小说集，第一本名《花之寺》，收小说12篇。鲁迅曾言简意赅地指出，凌叔华这些小说描写的是"高门巨族的精魂"，"她恰好如冯沅君的大胆、敢言不同，大抵很谨慎的，适可而止的描写了旧家庭中的婉顺的女性"。第二本是《女人》，收入小说8篇，有的读者评说：她与冰心、绿漪（苏雪林）等"闺秀派"不同，是沅君、丁玲等追求个性解放的"新女性派"之外的一位"新闺秀派"作家。沈从文、苏雪林等作家则把她比作中国的曼殊菲尔。曼殊菲尔是英国作家，以细腻的笔法描写心理活动而闻名。凌的第三本《小哥儿俩》，收入小说13篇，其中前9篇系专写小孩子的。她在自序中说："书里的小人儿都是常在我心窝上的安

1980年凌叔华与女儿及女儿全家在伦敦，后排小滢的先生秦乃瑞。

琪儿，有两三个可以说是我追忆儿时的写意画。我有个毛病，无论什么时候，说到幼年时代的事，觉得都很有味。……告诉朋友一遍又一遍都不嫌烦琐，怀恋着童年的美梦，对于一切儿童的喜乐与悲哀，都感到兴味与同情。"儿童与女性是凌叔华写得最多的两种题材。

凌叔华随陈源在武大居住了十几年，抗战期间，也随武大迁到四川乐山。论学历她完全可以在外文系或中文系任职。但她的丈夫，身为文学院院长的陈源并没有聘任她，也许是怕人说他任用私人吧！在珞珈山居住期间，她担任了《武汉日报》"现代文艺"副刊主编，是武汉报纸上所有文学副刊中生命最长、层次最高的。

我最后见到她是1944年我去乐山进武大时，她当时带着小滢住在一个小山坡上的简陋房子里（陈源当时在国外）。我去看望她，她非常高兴。过了几天，她请我上她家吃饭，我们三个人（陈婶、小滢和我），坐小板凳，围着小矮方桌，陈婶对我说："皮先生，不客气，随便吃。"我吃惊地说："陈婶，您怎么这样称呼我？"她笑着说："你长大了，上大学了嘛！"我说："任何时候，我都是您的晚辈。"凌叔华还擅长画国画，在成都、乐山等地举办过画展。武大教授、词学专家刘永济（后来是我岳父）曾为她的画题诗，后来我把诗集送给小滢了。

抗战胜利后，凌叔华带着小滢先回北平处理她母亲的后事，接着就乘船到美国再转英国去找她的丈夫陈源，后来就在英国定居了。她在乐山时期用英文撰写了自己早年往事的短篇小说集《古歌》，1953年由伦敦Hogarth出版社出版，被誉为一部令人陶醉的作品，英国读书协会（Booksociety）评定该书为当年最畅销的名著，伦敦《泰晤士报》的"文学增刊"也撰文评介，凌叔华终于驰名于国际文坛。

1956年夏，她由苏雪林推荐到新加坡南洋大学任教授，担任中国新文学研究等课程。后来，她又应加拿大一所大学之聘，主讲中国"五四"后的新文学。她还应伦敦大学、牛津大学、爱丁堡大学之聘开设中国文学与书画的专题讲座，介绍中国的艺术、文物和庭院建筑。1961—1983年，她先后在法、英、美和新加坡等国举行过个人画展和藏画展，很有影响。1960年后数次回中国大陆观光，表现出对祖国河山和文化的挚爱和眷意。

1990年5月下旬，我突然收到中国作协给我寄来凌叔华在北京去世的讣告，我立即拍去唁电。我不知她什么时候回到北京的，后来从静远姐（袁昌英女儿、凌叔华干女儿）写的回忆文章中，我才知道，1989年年底陈姊从英国回到北京治病，在西郊石景山医院度过了她一生中的最后7个月。1990年3月25日是她90寿诞，小滢也从英国赶来，各界人士也从四面八方来为她祝寿。那天热闹非凡，老寿星精神特好，愉快地接受了众人的祝贺。她患的是乳腺癌，数年前在伦敦做过手术，这次复发，并已扩散。5月22日——她去世的前几天，她如愿以偿地乘医院救护车，游了北京城，到了她熟悉的北海公园，还到了史家胡同她的旧居，这是她祖上传下来的产业，"文革"中被占，后已归还给她并发给了产权证，这次重游，了却了她的心愿。

遗体告别仪式是隆重、别具一格的，来者多为文艺界人士，不少名人，我国前驻英大使和英驻华大使都来了，几面墙上悬满了挽联、唁函、唁电，陈列了她的书画遗作，以及有关她的文章剪报等。她的骨灰则与陈叔叔的骨灰一起合葬在陈叔叔的无锡老家。陈姊终于叶落归根，长眠在朝思暮想的故国大地。

苏雪林，文坛的"常青树"，百年魂归故里

苏雪林，原名苏梅，字雪林，笔名绿漪。是中国现代文学最年长的作家之一，她比冰心还要大几岁。一生跨越两个世纪，杏坛执教50春，创作生涯70年，出版著作40部。

她已逾百岁，独自一人住在台湾省台南市成功大学校园内一座庭院式古朴建筑"春晖阁"小院里。1995年8月下旬，她给武汉市著名国画家、百岁老人端木梦锡老友的信中说："几年前，两脚无力，扶助行器行走已有数年，三年来摔跤约七八次，头皮破损流血无数，近月两脚更如瘫痪者然，扶架亦不能举步，家中虽雇一女佣……得力有限。"

据我所知，苏先生生活虽然很艰难，但非常坚强，还能基本自理。特别是记忆力很好，思路也很敏捷，也非常健谈。她两耳重听，去拜访她的人在纸上写给她看，她照直回答，还算方便。她每天必读报，凡给她写信，她必复一封，有时还主动去信。1995年7月上旬，她读了我在台湾武大校友会会刊《珞珈》上刊登的悼念我老伴的文章，深为感伤。来信说："她（指我老伴）老太爷弘度先生毕生研究《楚辞》，成就非凡。我的《屈赋新探》写成，刘先生已仙逝，就正无从，曾寄尊夫人一套，她回信收到。我向她索讨弘度先生的词集，蒙她慨然寄来，以彼此切磋之日方长，不意其遽逝……惟死者已矣，奉备神伤亦为无益，尚望你看开一点，保重自己……"年逾百岁的老师不但记得我，还亲笔写信安慰我，真是不敢当。

苏雪林，1931年来到国立武汉大学中文系任教，直到1949年离开，在武大整整18年。苏雪林原籍安徽太平县，在省城读中学

时，国文课的作文，极受老师们的赏识，不久文名大噪，有"江南才女"之称。后来，她升学北平女子师范学院（即后来国立北平师范大学），便开始用白话文写杂文发表于报刊。她的成名小说《棘心》、散文集《绿天》就是二十世纪二十年代末先后问世的，这两部作品在中国现代文坛上产生过较大影响。她的散文在当时彻底打破了美文不能白话的迷信，真正够资格称得上是美文，曾风靡大江南北，令无数读者倾倒。《绿天》中的《扁豆》，半世纪前被选作《初中国文》的范文，今天台湾《中学国文》也一直保留着她的散文《秃的梧桐》，足以说明她的散文成就。

苏雪林一生从事教育。1925年，她自法国留学回来，就任景海女子师范国文系主任，兼教于东吴大学。先后在沪江大学、安徽大学、武汉大学任教。后到台湾师范大学、成功大学任教。1973年78岁时，才在成功大学退休。但她笔耕一直未停，是一个多产作家，被喻为文坛的常青树。1949年以前，她已出版8个集子，到台湾以后，仍不断出版，大约共有40个单行本。她的作品是多方面的，有小说、散文、戏剧、文艺批评，而大多数是学术研究。

她一生花心血最多、自己最为满意的著述是《屈赋新探》，这部书分4集，共160万字，她研究屈赋有独到之处，她深信要想解决屈赋全部内容，必须另辟蹊径。她提出：要承认世界文化同出一源，中国文化也是世界一支；要用"一以贯之"的方法，将古今中外文化分子贯通起来；要经史子集打成一片；要官方文化与民间文化并重。

苏雪林还是一位爱国的学人，她早年在法国留学时，在文字里流露出来爱国心声："中国有锦绣般的河山，有五千年文化，中国也出过许多圣贤豪杰……我怎么不爱中国呢？""九一八"事变后，她将她辛苦多年积蓄来的薪俸及稿费等，买了50两黄金献给国家支持抗日。当时报纸宣传，人人感奋，一时捐献者，络绎不绝。

由于众所周知的原因，祖国大陆与台湾文化的交流隔绝了近四十年，人们都把苏雪林这个名字给遗忘了。安徽文艺出版社于1989年出版了安徽大学沈晖编的《苏雪林文集》，使沉寂文坛四十年之久的苏雪林作品重新被祖国大陆读者认识。1994年该社又推出四卷本《苏雪林文集》，是冰心题的书名。二十世纪二三十年代，冰心与苏雪林一齐驰骋文坛，当时文苑称二人文学"冰雪聪明"。这个文集的出版对弘扬中华文化、增进海峡两岸文化交流，做了一件大好事。

实际上毛泽东是知道苏雪林的。根据中央文献出版社出版的《毛泽东和他的秘书田家英》一书所载，毛泽东给田家英的信上说："田家英同志：苏雪林《李义山恋爱事迹考》，请去坊间找一下，看是否可买到，或者商务印书馆有此书？毛泽东七月二十七日"（年代不详）。

1981年茅盾逝世，苏雪林写过一篇悼文，《人民日报》曾转载，对茅盾在文化创作方面的成就，给予很高评价，深为祖国大陆作家所赞许。1993年4月4日新华社上海电讯稿报道巴金在上海获得亚洲华文作家文艺基金会颁发的"资深作家敬慰奖"。消息中还提到，这项奖还特授予著名作家冰心和台湾作家苏雪林。

近年来，祖国大陆有人去台湾访问苏雪林，舒乙（老舍之子）就是其中之一。后来她将她在《文坛话旧》中的《幽默作家老舍》一文寄给舒乙。苏雪林还是一个画家（在法国曾习过画），她又寄给舒乙《苏雪林山水画集》4套，其中3套托舒乙转赠她的老友冰心、萧乾和钱锺书、杨绛先生。每逢苏雪林的生日，台湾各界都要祝贺。1995年，台湾各界非常隆重地为她举行了百岁华诞庆祝活动，台湾的显要人物都出席了。武汉大学图书馆又辟苏雪林先生专室，介绍她的生平并展出她的作品。

1998年5月22日，103岁的苏雪林应邀回到合肥，回到她的故乡黄山市（原太平县）。武汉大学派专人赶到黄山市向苏教授问候，并赠送纪念品。这位103岁的文化名人乘索道缆车登上黄山。这次回乡因时间安排较紧没有来武汉，苏雪林说："我还要去武汉大学。"不幸的是，1999年4月21日苏雪林因败血性休克并发心律不齐，在台湾成功大学附属医院去世。在台湾成功大学礼堂举行殡葬弥撒，非常隆重。武汉大学校友总会、武大乐山校友会致电哀悼。苏雪林生前遗愿，要将其骨灰运回大陆葬在其母亲的墓旁。她去世后受委托人安徽大学教授沈晖于1999年8月23日，将她们母女葬在一起。同时在安徽黄山召开了"海峡两岸苏雪林作品学术讨论会"，海内外五十多所大学代表出席并参加了隆重的迁葬仪式。

乐山惨炸身历记

苏雪林

题记：此文是武汉大学校友谢光清先生多年前赴美探亲时，在美国北卡罗来纳大学图书馆所发现，是苏雪林先生亲历乐山轰炸后一个月所作。此版编入时由于篇幅所限，作了删节。

……入秋以来，残暑还是很盛，连续十几天当顶杲杲一轮红日，天色蔚蓝的像一汪海水，更不见一抹云，正是县天特多的西陲最晴朗最干燥的季候。8月19日（编者注：1939年），恰又是一个最好的晴天，上午11时半左右，忽闻警钟长鸣。我们知道万恶铁鸟又将入川肆虐，但做梦也没有想到它会到乐山来，所以我全家并未下楼，我还懒洋洋地躺在榻上看新到《大风》旬刊。将近午刻，忽见一庞大灰色机自南飞来，盘旋空中数匝然后冉冉向东而去。因为乐山第一次警报将解除时有一飞机出现空际，另一次亦然，我们狃于旧习，这次见了灰色机，以为这朵庆云既出现，天下从此太平了，便叫女仆开上午餐，大家放怀受用。转瞬间，钟声又当当乱响，可怜我们还以为是解除警报。钟响后，约数分钟，忽闻大队飞机，自远而至，机声隆隆，重浊异常，与平日所听惯的邮航机不同，这才知道不对，赶紧抛开饭碗与家人入寓所原有的石洞躲避。左邻右舍连房主一家也有十来个人，大家都怀着异常心情，等待预期事实的出现。然而又疑心盼望它是过境驱逐日机的神鹰队。大约经过数分钟，不，仅仅数秒钟吧，那重浊的机声已在我们顶上了，它投掷炸弹了，砰訇之声，连续不断，大地似乎安了弹簧，微微在脚底跳动，洞顶泥屑纷落。我们所托避身的石洞，乐山城里城外不下数百之多，有人说是古代土著穴居遗迹，有人又说是汉朝旅蜀仕官的殡宫。因雇工的不易，又把侵略者看得太文明了，以为他们一时断不至于轰炸乐山这么一个无足轻重的城市，所以事先丝毫未加以培修。炸弹落于洞顶，洞中人固不免粉身碎骨之祸，落于附近数码之地，这洞也要震塌，我们也免不了被活埋的危险。这时候，大家面面相觑，脸色青黄不定，我对于生死关头虽不能完全勘破，但平日确也谬蒙朋辈以"胆大"、"镇定"相许，而这时候也觉得呼吸急迫，脉搏加速，整个心灵被恐怖紧紧抓住。总而言之，这时候所有洞中人都像缚在刑场的囚犯，只需颈上霜锋一撇，便万事都毕，可是那可恶的刀锋只在你头顶上盘旋上下欲劈不劈，叫你煎熬在比死还痛苦百倍的死的期待中，这一阵子是真教人够受的。

感觉已不能告诉我那可怕的敌机在乐山上空猖獗了多久？也不知几分钟后他们又从何地折回，噼啪噼啪，放了一阵机枪，才满载着罪恶的收获，凯旋回去。总之，我们是等候了许久许久才敢出洞，上楼一看，天花板尘土纷坠，饭菜上都像是撒了一层很厚的胡椒末，不能再吃，而且我们也无心吃了。靠在朝东的楼窗一望，但见黑烟数道，直上云霄，晶亮的秋阳，映之惨然作血色，空气热度加增，焦灼难耐。逡巡登附近山岗，只见满城赤焰飞腾，浑是火山一座，洞折梁摧之声，不绝于耳，似乎尚有许多炸弹爆发，隐约夹杂着狂呼痛哭的声音，宛然旧小说所形容天昏地暗、鬼哭狼嚎的景象。4时左右，火势渐衰，出外问讯，始知敌机今日共来36架，投炸弹数十，烧夷弹百余枚。所烧街道城外不计，城内沿江第一行自安澜门起，横街为板长街、铁河街；第二行横街为校场坝、大巷子；直街为成衣街。第三行横街为兴盛街、下横街、中河、上河街之一半，直街为迎春街；第四行自萧公嘴起，横街为察院街、顺城街，直街为东大街、会府街；第五行自庙儿拐起，横街为泊水街、下土桥、中土桥、上土桥、直街为婆嫣街、玉堂街、鼓楼街、府街，直至城中心的中山公园为止，合以不知名的街巷共计烧去27条，占全城四分之三的面积。乐山最繁荣的商业区和最整齐的住宅区，换言之，就是乐山的精华，乐山的心脏，均于3小时内化为灰烬，仅比较寒碜比较冷落的几条小街瓦全而已。

这次敌机袭来，有人隔江望见，是一面飞行，一面投弹，并未俯冲，亦未回翔。其所投烧夷弹，都落于繁盛市区，炸弹则多落于文化机关及银行附近。公园里的中山纪念堂中一弹。土桥街为银行荟萃地，落地炸弹独多，而中国农民银行狂炸之余，又继以机枪密集扫射，地面枪眼密如蜂巢。事后谣传，某要人欲赴峨眉山召集某项重要会议，轰炸前夕过乐山，即驻节农民银行内，又峨眉山开会之后，即在乐山中山堂开预备会，故敌机于这两处特为注意云。其实某要人始终未到乐山，谣言止于谣言而已。至于敌人决心破坏乐山前，发出电讯及广播，捏造国民政府将迁至乐山，所以他们将来必将乐山全部毁灭云云，想也无非是他们惨炸不设防城市的荒谬的借口，和挑拨人民对政府恶感的无耻企图罢了。实际是连影子都没有的事。

人民死亡数目，据官方登记约一千余人，由家属领尸未登记及落水死觅尸未得者亦有数百人，连受伤者约三千之众。校场坝、东大街、土桥街一带，人烟稠密，死者较多，玉堂街及鼓楼街、府街则较少。大火之后第三日县政府召集人夫开始挖掘死尸，用滑竿扛到城外掩埋。尸体有整个的，有半截的，有仅剩一只大腿、一只臂膀的，有头颅烧去、身体尚全的。有四肢皆无仅剩腹部一段的，有焦黑皮肤绽出红肉的，有肠子拖在独自外面碧血直流的，奇形怪状，目不忍睹。那比较完整的尸体，都舞手扎脚，咬牙睁眼，表示临死前那一刹那尚在挣扎求生和忍受残酷痛苦的烹煎直到最后的姿态。若在平时我目击这样的形况，岂不吓得发疯，现在只有惨伤，只有愤恨，却并不觉得如何可怕。这才知道上帝造人，给他一副自由伸缩富有弹性的心灵，真正鸿慈无限，不然，人类哪能生存至今？

轰炸后，我们也曾到废墟巡礼一回，除却颓垣断壁几段焦炭般梁柱，几行烧秃的街树，和满地瓦砾而外，更无其他。贫穷的妇人和小孩们拎破篮在火场上反复翻拨，希图拾点什么，结果也不过捡得几根烂钉罢了。人家细软之物，一火干净，固不待论，连铁锅铜壶、铁床铁箱也熔化得踪迹都无。只有瓷碗之类，本最脆薄，有时反能保持完整。我们家乡有俗谚道："强盗抢，三回不得穷，天火烧，一场教你空又空！"贪饕的大火，把你的财物全都吞噬了去，连骨头也不肯掷还你一星，是何等的狠毒，何等的教人可怕呀！

自重庆成都相继被炸之后，乐山各商店均将货物寄存十余里外之乡村，每朝运来一部分点缀门市。此次轰炸系在白昼，门市货物抢救不及，均付焚如，损失也相当的严重。学校同人寓所全毁者二十余家，局部损失者十余家。教职员家属死者共计7人，学生死者5人，伤者十余人，校役死者2人。我们故乡大都沦陷，家产荡然，所千辛万苦携带入川的行李书籍，至此又为大火烧得精光。最可惜的，是同人二三十年来所搜集之教材，所抄录之笔记，未杀青之文稿，珍罕之书籍，现也一下子都随劫灰而俱尽。大家相见，都摇头叹息道，以后不但著书，连当教书匠也不容易了。物质的损失，以后尚可慢慢补充，这类精神损失，却是永远不能挽救的，穷凶极恶的日本军阀啊，教我怎样能不恨你！

……近来欧战爆发，敌人对我加紧压迫，平均三日一次入川轰炸，以后改为隔日一次，乐山虽灰烬之余，难保它不再光顾。城中残余居民，一夕数惊，状如疯狂，稍有力量者则纷纷下乡疏散。因为侵略者曾于苏稽投弹，又闻重庆某镇被炸，较大村镇，也不敢认为安全，只好向乡间设法。乡间屋租陡然抬高十余倍，猪圈般一间草棚也要六七十元一年。为安全计，只好忍痛接受。不过乡间交通不便，医药缺乏，下乡以后，又有以伤寒疟疾为苦而复迁回城中者。其无家可归的人，只好硬着头皮，蹲在远处，与大花脚蚊、臭虫及污水中一切病菌奋斗，看谁胜利而已。时至今日到处是烽火，到处是干戈，我们这群肩不能挑手不能提的斯文朋友，已有"我瞻四方，蹙蹙靡所骋"之叹，忽然又凭空遭此大难，单身汉还勉强支持，家口众多者，顿时饥寒之态可掬，好像真已到了日暮途穷的境地。有人说我们平日生活过于养尊处优，现在便多受了些罪，也算应该；其实这也是一句不公道的评判。大学教授的报酬在各种职业中并不甚优，所以只有一心埋头研究、淡薄自甘的人，愿作这勾当。天道恶盈的自然道德律的制裁，似乎还轮不到我们吧。

大火后，乐山民众生活秩序顿然紊乱，那是不可讳言的，但中国人究竟是个才跌倒又爬起、富有活力、永久乐观的民族。数日间，街道上瓦砾便已扫清，用烧焦的木柱、断缺的石块，撑起几张芦席，便成功一座临时的住处。小摊代替了商店，警报一来，货物卷起来了捎了就走，你再来炸吧、烧吧，咱们恕不再像前回那么慷慨奉送了。一场大风雨之后，巢覆了，卵碎了，万念灰冷，再也振作不起来了，但不到几天，又叼枝负土，雌雄合力，殷勤构造新居，这景况原是可怜的，然其百折不回的精神又何等可佩。屠夫的日阀，你们若还稍具天良，闻此也略略知所愧悔么。

这一个月以来，我个人方面，身心都好像失其常态，这也不妨对任何人承认的，刺激本来太大了。白昼心绪纷如乱丝，晚间常常失眠，有时则做着噩梦。我梦见那些焦烂不堪，宛如枯炭的同胞：整个的，半截的，头颅烧去躯干尚全的，四肢皆无仅剩腹部一段的，焦黑皮肤绽出红肉的，肠子拖在外鲜血直流的，舞手扎手咬牙睁眼狰狞可怕的，身上都带着绿莹莹的火焰，排成队伍一个个在我面前走着，那烧余的一只大腿、一只臂膀，也夹在大队中间，踯躅前进。他们都是那么沉默地、严肃地走着，像一行黑线，直牵到天边，无穷无尽的，永远不休止的。我眼花了，头昏了，想掉过脸来不看，那黑的行列，却依然显明而真确地在你眼前活动。我挣扎着，极力挣扎着，正似平时在噩梦中挣扎一般，想脱离这个可恶的梦网，而梦网拘束得你更急更紧，竟不知是什么魔住了你，要你淌着浑身冷汗，睁开一双大眼，尽情欣赏这幅奇奇怪怪的"地狱变相图"。啊，我太苦了，我要清醒！

血写的罪恶，还是要用血来洗清的。几时公道与正义完全胜利，几时我的噩梦才能完全清醒，我明白。

炸后一个月

本文录自武汉大学出版社2008年版《乐山的回响》第357—362页

作者简介：著名女作家，抗日战争时期为西迁乐山的武汉大学中文系教授，已故。

乐山时期的
武大外文系

王
陆

杨静远学友在《朱光潜先生的英诗课》一文中所述是1942年的事，那时我已离开学校，带着朱光潜教务长填写的借调公函，去昆明战地服务团报到，尔后，被派到中国远征军第六军司令部任少校翻译官。

话说1937年7月，日军挑起卢沟桥事变，我匆匆离开北平辅仁大学逃往南方，借读在由苏州迁往浙江的东吴大学。不久，东吴大学成了流亡大学，我避到深山竹林中。次年出山，去浙江天目山，参加由东北军南调驻防的一〇八师政治部抗日宣传队，1939年，教育部分配我去由武汉迁移到四川乐山的武大外文系借读。外文系是文学院四个系中的大系，在文庙上课，学生在龙神祠食宿。

武大文学院长是高翰教授，他总是衣冠楚楚，仪表非凡。他的哲学课采取美国式教授法，妙趣横生，把枯燥的费尔巴哈哲学和逻辑学讲得生动而有趣。抗战胜利后，我由成都转重庆，乘英国皇家空军飞机去沪开办上海英国新闻处，在大三元酒家遇到高翰教授，他正准备去台湾正中书局主持工作。

外文系主任方重先生，温文尔雅。他用英文讲授英国文学史，尤其是讲英国民间传说中的劫富济贫的绿林好汉罗宾汉，颇受学生们的欢迎。抗战胜利后，方重教授移居上海，曾译名著《坎特伯雷故事集》（*Canter bury Tales*)出版。

陈源教授是位饶有风趣的学者。他曾由英文转译俄国名著《父与子》等名作。当时，陈源先生的母亲去世，他守孝一百天不理发，蓬头垢面，显得苍老憔悴。冬天，他总是身着棉袍、头戴棉帽上课。他说："教室里和外面一样冷，对不起，我就不脱帽了!"他在1940年新开辟了英国文化课，从国外讲起，追根溯源，讲述英文化的起源和发展，显示出他学识的渊博和深邃。此外他还兼授英文小说课，他发给每位同学小说精选目录，并附有图书馆书刊编号，以便于大家借阅。上课时，他讲述其中名著的故事梗概及其文学价值，同时还指定课外读物，每次一二十页，阅读后要大家提出问题，如无问题，他就要提问。有一次，他问我"Natural Son"如何解释，我答不上来。他说："Natural Son者，私生子也；看来王陆先生和五柳先生一样，好读书而不求甚解"！同学们大笑。他说这话是有所指的，他知道我从图书馆借了一套十八卷的长篇小说：HenryFielding的名著*Tom Jones, a Foundling*（弃儿），这套书还从没有人借读过，他发现是我借了，表示惊喜。后来我的毕业论文就是以 论述这篇巨著为主题。陈源教授谈吐幽默。当时高年级的英国文学课由英国留学归来的费鉴照教授担任，陈源先生说费教授的姓是Inhumane Budda,示意费字上半部为不带"人"字旁的"佛"，足见其诙谐而不伤大雅。陈源先生来往信件颇多，他说："我每次寄信都要走好多路，其实离我住处不远就有信箱，等我发现，已经走了不少冤枉路了。"此外，陈源与鲁迅的笔仗在当时也是很有名的。

外文系唯一的英籍教授是李纳（George H.Rainer），身穿黑色长袍；留着胡须，永远是笑容可掬，使我想起在北平辅仁大学时神父兼教授的形态。他能说一口流利的广东话，可我听不懂，还是用英语交谈方便。外文系有个外语学会，每年都演出英文戏剧，多半是莎士比亚剧作。我上三年级时，导演并演出了Sir Jamess Barrie的名剧*The Admirable Crichton*，这是一部讽刺剧。彩排时，李纳教授就向我建议，要特别注意剧本括号里的说明，使得演出变得有声有色。李纳先生非常喜欢饮酒，每次至少饮四两，我虽不善饮酒，但总是陪他喝个痛快。有一次天色已晚，只好找个旅店住下，没想到他随身带着睡衣，他背对着我换上睡衣，然后与我同榻而眠。李纳先生很好学，尤其是学写汉字。有一次他写信给我，问我成都有没有他放"铺盖"的地方，真难为他写出那么多笔画的汉字来。在乐山青衣江浮桥对岸，有许多教授都有茅屋住宅，李纳也有一套。学生们有时相约去他的村居度周末，他很随和，与大家相处融洽，抗战胜利后，听说他曾去安徽大学教书。

罗念生先生是教古代文学的，也是希腊语专家，我没上过他的课，可后来(八十年代)却又在山西与他见了面。他是来探望他的儿孙来的。他的儿子与我同在山西二轻工业厅工作，也住在同一幢楼里。罗先生对希腊、罗马文很有研究，曾翻译出版了《希腊古代神话传说故事集》。希腊政府曾多次邀请他去访问并授勋。罗先生于1990年在京去世。

陈登恪教授是法语专家。外文系学生多选法语为第二外语。记得他讲过一个法语故事：妈妈给孩子穿衣服，这天孩子怎么也站不起来，原来她把孩子的两条腿塞进一个裤筒里了。当时我对法文不够重视，不好好听讲，现在只记得一个完整句子："你怎么生病了？因为我喝凉水了！"

王云槐教授住在蛤蟆口一所很幽雅的宅院里，每天晚饭后他都和夫人出来散步。他们是在汉口结婚的，萧子黄同学曾参加他们婚礼，和他们比较熟悉。1943年我在成都英国大使馆新闻处工作时，王云槐先生在重庆英使馆任中文部主任。使馆办过一份中文刊物，由前武大教授戴镏龄、李儒勉主编。1944年，王云槐先生曾陪同英国大使薛穆爵士来成都并主持新闻记者招待会。我那时在成都也主持过很多新闻记者招待会，如丘吉尔首相的私人代表魏亚特将军、英国女议员伍德女士、英国新闻处远东司司长雷德曼等。抗战胜利后，王云槐先生去北平，任英文时报社社长，我则在1946年底赴北平参加英文时报社工作，王云槐生先于1948年年底去了台湾。

　　朱光潜教授的英诗课，在杨静远校友文中已详述。不再赘言。在乐山时，我曾去朱先生家拜望，他生活很简朴。先生喜欢听我朗诵英诗："Mr，用你的Bass（男低音）嗓音读读这首诗"，记得是莎翁的十四行诗。

　　武大外文系教授阵容强大，除以上叙述外，还有袁昌英先生、钱歌川先生、孙家琇先生、陈尧成先生和缪朗山先生等。

原载《珞嘉岁月》

武大乐山时见闻

章心绰

在乐山时，武大人中流传：我们是"止加戈大学"。当时，武大的声誉和社会地位，都已很高，完全没有必要以"止加戈大学"与美国"芝加哥大学"同音而混淆之。若以为是有意辊淆，实属误会。《左传·宣公十二年》："楚子（楚庄王）曰……止戈为武。"说武大是"止加戈大学"，即由此而来。这样说，却也幽默。

武大校本部设在乐山"文庙"内。一进门就得上台阶，至广场，两边皆教室。北去，东边为文学院，西边是法学院。再上台阶，正中为图书馆，其后即本部办公处，向北爬上去是个大礼堂。西侧有一个小门出门，有一座小山，山上有一个拟炮楼的庙，这里是乐山城内最高处，名"老霄顶"。南边是大操场，文法两院男同学上体育课需来这个操场，从宿舍走到文庙，再爬上老霄顶而到操场，已费了不少劲，若再要跑步、打球，不免有些累，何况去上已一堂体育课，来回至少要花两个小时，所以一些同学难得去上体育课。而体育老师则规定：一学期有三分之二堂课不到者就给他不及格。有位同学问老师：爬山算不算运动?体育老师回答说：当然算运动。同学即说：我从山下爬上来，一身汗，这不就运动了吗?该算我来上了一堂体育课。老师也只好在点名册上给他画了个到课的记号。一学期快结束了，有些同学知道自己所缺体育课太多，便连续去爬山，一到山上，便要求老师给画上一个到课的记号。不多日，也就把所缺体育课补上了。

从大操场南边经一巷道下山，便到了"白塔街"。街不宽，无商店，较宁静。有教会、青年会、小学、女生宿舍、武大医院等。来来往往，多是女大学生、小学生、教师们、医生、教会人士等。有人说这是一条祥和的街。女大学生宿舍是一幢楼房，因其位于白塔街，大家皆称其为"白宫"，非女同学，当然不能入内。门口有一老工友看门，要找谁，他则在楼下高喊：某某小姐，有人找！这一喊，全宿舍人皆知道。难免有好事者从窗户里伸出头，看一看来访者是一个什么模样的人。如此，男同学是不轻易去白宫找人的，而女同学也不愿有人来找。每年校庆(十一月十五日)，白宫开放，男同学可以进去参观。这天，每个寝室收拾得干干净净，平时放满各种用品的桌子上，更是收拣得一无所有，怕的是有人顺手牵羊。一些男同学去参观，说是把我们当小偷还好意思去参观！

如果有男女两同学真的在谈恋爱，在白宫不可能；在文庙、男同学宿舍、街上、茶馆里……都不行!最好的地方是在岷江渡船上。从西岸上船，说声"单推"（推，意即划船，包了这船，不要再上其他人，是为单推)，船工老汉心领神会，不紧不慢，将小船向下游划去，再一转向上游而去，快达东岸，又掉转船头，由它漂悠，这样一绕圈子，两人畅所欲言，说了不知多少话，反正船工听不清，也听不懂。船工找到一片树荫之地，靠稳船，说声我去喝碗茶，便走了。男女又笑又唱，忘乎所以，而至"二硫碘化钾（KISS）"。

有一年圣诞节，同学数人相约，至嘉乐门附近一教堂，参加庆祝圣诞晚会。这是一座老教堂，不大，台上挂着耶稣的油画像。忽然电灯熄灭，从座位后的大门走进四五十个女大学生，皆身穿旗袍式的白纱衣，每人右手举着一支点燃的白蜡烛，分别由座位的两边冉冉前行，以出色的女高音唱着圣诗。无伴奏，无指挥，而她们却唱得那么整齐、婉转、动听。至台前，列于两边，面向人们，继续唱着。这时，才看到她们被烛光照得绯红的脸上，表现得多么的虔诚。大家受到歌声和虔诚的感染，都静默沉思。她们唱着上台，把蜡烛粘到长条桌上，仍排立在台前，个个笑逐颜开。坐着的人们也都站起来，鼓掌，互相祝福。小姐们则轮唱着祝你圣诞快乐！这次晚会，不仅使人感受到欢快，更使人感受虔诚。

武大男生宿舍共六个，分布在乐山城中、城北和城西，其中以龙神祠宿舍较大，位于高北门东侧城垣上，有五六个寝室，皆双层床，住文、法学院同学四百人左右。六个宿舍各有其不同情况，亦有共同之点。龙神祠宿舍与各宿舍共同之处：一是进出自由，谁想搬来或搬出，可以随时为之，无人阻挡。二是各人按自己的生活习惯行事，谁也不会干涉。睡大觉，开夜车，悉听尊便。坐在茶馆里看书，躲在寝室里看书，待在自修室里看书，皆无不可。三是无人喧哗、吵闹。吃饭及其后短时间内，大家会高声说笑，或练习乐器，此外，无人不小声说话。若要高谈阔论，那就到茶馆里去。四是读书空气浓厚。在武大不好读书的人是被人瞧不起的。一进龙神祠，便可见很多同学在寝室、自修室里用功。东边是一长形木结构的楼层，东、西各窗户下，皆摆有两张大自修桌，可坐八人。桌内、桌上皆可放书，从未有人在这里丢失过东西。大自修室可坐下三百人，不论白天或夜晚，总是有一些人在这里看书或写文章。无人说话、吸烟，走路也都轻轻的。龙神祠宿舍有一个与各宿舍不同的特点，即坐在大自修室里，向东望去，可以尽情欣赏岷江风光；向南远眺，依稀可见世界闻名的大佛。在这里，有机会能饱览到"岷江上的壮观"。这种壮观，乐山人很难一见，住在龙神祠的人，也不一定都看到过，见到过的算有眼福，未曾目睹的，却是遗憾。闷热的夏日午后，忽然狂风大作，大自修室东边长排木窗无甚遮栏，风直入室内各角落，真是"山雨欲来风满楼"。俄而，黑云从远方天边爬上山顶，滚滚而来，聚拢为大片大片乌云，飞至岷江上空，翻滚而下。云层浓厚，原来能看到几里远的岷江，一时什么也不见，只有乌云在整个天空上翻腾。云从风势，如万马奔驰，冲向龙神祠，站在大自修室走廊上看呆了的人们，眼看要被席卷而去，乌去却腾飞而过，压向乐山城。"阿香推雷车"（阿香，为雷神推雷车的女神)发出连续的轰隆声。忽然，乌云中迸发出强烈的闪电，射入江中。闪电常见，它直射入江中却不多见，无怪古人诗文中特意加以述说："电影江前落"、"电影坠江中"等(古人谓闪电为电影)。伴随着闪电，满天炸雷巨响，使人心惊。是雷车爆炸了？神女无恙乎？电光闪处，只见大雨急速落江。乌云全被岷江吞没，两岸"卷起千堆雪"。

当时武大男生宿舍六个，女生宿舍一个，共有七个学生宿舍。但还有一个处所，大多数同学没有去过，被称之为"第八宿舍"。它位于乐山市城西北的一个小山上，原来是"武大公墓"。长眠于此的有教职员工以及家属，更多是同学。少数人因癌症、肺病而早逝；多数是因疤(PA)病(一种软瘫病)、伤寒、恶性疟疾等，而过早地去世，大都是因为当时缺乏有效的药物所致。一个同学得知某一同学去世，他在将此不幸消息告知另外一同学时，说："某某同学搬到第八宿舍去了。"这绝非幽默，而是不愿说出那使人悲伤之事。老同学向新来同学介绍情况时，往往会说："我们还有一些同学住在第八宿舍。"这是一种表示哀悼的说法。

各个系皆有其学生会，简称某某系"系会"，由该系各年级选出代表组成。代表会选出主席一人，大都是三年级同学担任。代表各有职务，因各系情况不同，其职务及其名目不尽相同，不外是课务、生活、体育、文娱、联络、会计等等。系会经费来自会费。代表会每学年之初改选一次。各班级如有什么问题，他们会直接去找有关部门反映、解决，并不需要经由系会。各系会做过这些事：举办"迎新会"欢迎新同学，介绍本系情况；"欢送会"，欢送毕业班同学，讲些祝愿的话。两会上，系主任必到，各该班的任课教师或许能来几位。每人面前，有一把花生和两个橘子，边吃边有余兴，大都是女同学唱歌。系会每年组织一次全系同学的郊游。在茶馆里喝碗茶，随意谈谈，交流学习经验，增加友谊。若有经费，系会编一本"同学录"，从本系第一届毕业同学至本年各年级同学名字，及其永久通信处全印在上面。若有人将各系或是某一系的同学录搜集齐全，倒是很珍贵的资料。系会还可以请名教授或途经乐山的名人来作演讲。其所讲内容大都吸引人。系会也可能遇到特殊之事，如去帮助给某教师或某同学治丧或悼念，这大约要忙一二天。

由于经费的短缺，当时文娱、体育活动很少，因而"郊游"便成为同学们所喜欢的活动，也确是很好的社交活动。一年中，任何一个风和日丽之日，便有人郊游，男同学常有一人漫步郊野，自有其情趣；女同学也常有一人漫步在大渡河北岸石滩上，饱览南岸竹林、茅舍、炊烟，顿来诗感。至于三五人相约而去郊游，更是屡见不鲜。他们在树荫下坐茶馆，在草地上晒太阳，谈天说地，高谈阔论，自在惬意。有的还去参观汉墓遗址，或去欣赏古老高大的银杏树(白果)，或去集镇观察风俗民情，或去寻觅小桥流水人家。人多而热闹的，是集体郊游，由系会、班会、同乡会和各个学生社团等所组织的。大都是男女同学成群而去，过岷江或大渡河，在草地上坐成一圈，一面吃花生，一面谈笑。谈志趣、抱负、学习、生活、爱好、故乡等等，甚而在几个人中引起辩论。如此随意交谈，使同学们互相有所了解，增加了同窗的情谊。郊游的高潮便是做游戏，人人得参加这项集体活动，不可借故逃避。由女同学轮流主持，出题目，讲明做法、规则等。做错了的要受罚，唱歌、讲笑话、做好笑的动作，都可以。有人什么也不会，那只有学狗爬，惹得全场哈哈大笑。女同学一个接一个出题目，越来越复杂，害得好多人学狗爬。真不知女同学哪来这么多游戏项目。如果将历次郊游所做游戏，一一记录下来，大可编出一本"集体游戏大观"。

当时，同学们中除极少数人在生活、学习上所需费用较为宽裕外，绝大多数人经济都很困难，有的人家在沦陷区，连信都不通，自然不会汇钱来；有的人或许可得到亲友少许的帮助，绝大部分同学是靠领取"贷金"生活，其数量很少，仅够吃饭；甚至不够吃饭。很多同学，在经济困难条件下，乃设法于校外找一个工作，是时称之为"兼差"。最初，大都去城乡小学教书，渐而发展至各中学任教师。一个大学生至中小学，可以说，任何一门课都能教，而且都会把该门课教好，深受欢迎。乐山中小学再也容纳不下兼差同学时，有些同学便设法在邻近某些县里的中学找到一个位置。乐山城乡兼差的同学，只要安排好时间，平时还可以返校听课。在邻近县里兼差的，则因路远，平时是难得回校的。到期终考试前两周，兼差同学都回到校内，临时抱佛脚，也会考得很好。在中小学兼差的同学，在当地文化教育事业上都做出了一定的成绩，有良好的影响，从而促进了当地文北教育的发展。

武大的考试，自来很严格。考试前，大家认真复习，充分准备，却没有人想到如何作弊，若有人想作弊，定会被人瞧不起，这也是武大的优良传统。学校很重视英语的教学，一年级学生，必须学好英语。学年考试不及格者，只有待次年补考，再不及格，再次年补考。有少数同学，至毕业时英语还未及格，学校只发给"肄业证书"而不发给"毕业证书"。以后还可来校补考，何时考及格了，何时才发给"毕业证书"。至于期终和学年考试，从来没人要求老师指出考试范围。同学们会去图书馆借来该课程的讲义和参考书，加上"课堂笔记"，三者结合，认真阅读，熟记那些必须掌握的专业知识，了解老师对某些问题的观点等，而后，加以综合分析，融会贯通。如此下了工夫准备，就一定会考得好分数。每学年考试后，学校就各个学院的同学中分数高者，评出各该院的前三名，布告周知，并发给奖学金。其金额微薄，但不失为一种鼓励。到毕业时，还要进行"毕业考试"，各系皆考二三门主要的专业课。考试及格，得授予"学士"学位；否则，不给予。毕业班同学认为这种考试无从准备，学了四年连主要的专课也考不出，岂不是笑话。老师出的题目，也很有水平，大都是专业课中的大问题，要述及基本知识，并加以发挥，同学们个个洋洋洒洒写了几页纸。很大程度上显示了教学水平和同学们的专业水平，也反映出武大的教学质量。

原载《珞嘉岁月》

2006年4月13日，暮春天气，大地回暖，前一天下了濛濛细雨，空气分外清新。在北京城北一个幽静的院内，不时传出阵阵爽朗的笑谈声，一群耄耋之年的老人在此聚会。来了来了，刚刚过完８２岁生日的中科院院士查全性和原《长江日报》的皮公亮夫妇专程从武汉分头赶来了；年逾古稀的缪龙森由儿子陪伴自郑州来了；陈小滢的旅程更长，从万里之外的英伦飞来，她也是这次聚会的发起人之一、东道主，为了这次活动，她不知打了多少个国际长途电话。在北京的几位，84岁高龄的杨静远、王焕葆、叶绍智由家人陪伴，75岁以上的刘保熙、杨衍枝、吴令华夫妇、余桢夫妇也从北京城的四面八方聚拢过来。最年幼的方克定，因为没搞清地址，花了两个半小时在马路上艰难地寻找，终于赶上了盛会的尾声。

他们是老同学，从武大附小到武大附中的同学，也有延续到武大的同学，从珞珈山到乐山，是滚爬着一同长大的小伙伴。同时，他们又是当年武大教工的子弟，他们的父亲都是武大的开拓者、建设者，在管理上、在教学科研上、在园林绿化建筑上，为武大的建

王盛莹（荣）　　刘保熙　　陈小滢　　方克强

吴令华　　　　刘蒲青　　　　杨衍枝

成、发展，立下过汗马功劳。如今你只要走进珞珈山，纵目四望，深吸轻呼，就会全身心感受到父辈的巨大贡献。而杨衍枝的父亲则是当年乐山仁济医院院长，是西迁武大师生的健康保卫者。七十年的友谊，两代人的交情，尽管历经人事沧桑，有些人暌别长达六十多年，但怀念常绕心头，皮公亮挂念老大姐王焕葆、杨静远，缪龙森想见同班同学陈小滢，吴令华关心小弟弟方克定，今日何日，皓首重逢，仿佛又回到六七十年前，这给他们带来了多大的快乐啊！

刘保熙自告奋勇当起了聚会的主持人。她首先提议向查全性祝贺生日快乐，并点明这次聚会的主旨是：珞嘉（嘉定，乐山旧名）友谊，源远流长。

皮公亮向大家介绍了武大附小和附中的历史。武大附小创办于武大迁入珞珈山的1932年，就是为我们这些孩子设的，当时学生很少。

武大子弟分别半个世纪后的相聚合影。
前排左起：王焕葆、杨静远、查全性、叶绍智、皮公亮；
后排左起：方克定、缪龙森、刘保熙、吴令华、杨衍枝、陈小滢、余桢

杨静远从老档案中查到了附小学生名册：王焕葆和杨静远是第一、二班（届）毕业生，查全性、皮公亮、叶绍智是第四班毕业生，在校三年级生有刘保熙，二年级生有缪龙森、吴令华、陈小滢，余桢刚上一年级，方克定还在预备班。武大附中的历史更长，前身是武昌高师附中，已有81年历史，不过我们更感觉亲切的是东湖中学和乐山武大附中，那是我们的母校。大家不由得回忆起附小的端木梦锡、凌维娜、胡梅贞、梁荣誉老师，附中的李格非、许海兰、张远达、涂允成老师，对我们的成长都很有影响。皮公亮说，武大附中出了三个中科院院士：查全性、杨宏远、欧阳予。那是母校的骄傲。

缪龙森是这次聚会的积极倡导人，今天他分外兴奋，话特别多，不减当年"黑皮"风采。给大家印象最深的是：我们不论走到哪里，都记得我们是武大的儿女，心永远想着武大。

老武大校长王星拱的女儿王焕葆（左）
与杨静远合影

　　院士查全性大哥把他亲自拍摄的"十八栋"宿舍修整后的照片，分别送给当年的小住户，重温那段幸福时光。

　　皮公亮送给杨静远一张老照片：两个胖娃娃，六岁的静远和四岁的公亮；刘保熙将查家三兄弟幼年的照片还给查全性，不由得想起早逝的查其恒、查其恺。唉，那时候我们多小！

　　吴令华将她珍藏几十年的王星拱与父亲吴其昌唱和的诗稿手迹复印件送给王星拱的女儿王焕葆，作为两家后代的永久纪念。

　　陈小滢复印了她1945年8月10日深夜写给父亲陈西滢的一封信送给大家，这篇充满激情的文字将六十多年前我们在乐山得知日本宣布投降时那个不眠之夜的狂喜心情表达得淋漓尽致。

　　锦上添花的是，餐馆的西南风情菜也烘托了大家对乐山生活的回忆。话语如开闸的水，越说越多，没有尽头。时间跑得太快，五个小时过去了，我们才依依不舍地散去，期待着下次再聚首。

附录

小小的纪念册，是二十世纪四十年代凌叔华母女请人书写的，保存至今。留言留画者颇多知名人士，有文史价值。现就我所知按年龄辈分分类记录如下：

一

长辈：小滢父亲陈源（西滢）、母亲凌叔华的同事、朋友，武汉大学的教师们：

刘南陔（秉麟）：武大经济系教授、法学院长。

朱光潜（孟实）：武大外文系教授、文学院长、教务长、著名美学家。

林春猷：武大教授。

杨人楩：武大历史系教授，杨东莼之弟。

苏雪林：武大中文系教授，作家，楚辞研究家。

杨端六：武大经济系教授、法学院长、教务长，小滢的干爹，我的父亲。

袁昌英：武大外文系教授，剧作家，小滢的干妈。留言系英文，录自雪莱的诗《云雀》。我的母亲。

顾如：武大女生指导。

端木梦锡：原附设小学美术教师，著名国画家。

校外知名人士：

丰子恺：著名画家，特别为儿童书籍绘插图。

商衍鎏：著名学者、诗人、书画家，为中德学术交流作出重大贡献。

丁西林：剧作家。

凌叔华：陈源（西滢）夫人，小滢之母，女作家、画家。

阮玉珀：越南人士。

二

同辈：

陈克胥（荷夫）：武大政治系学生。

考昭绪（蒂克）：武大外文系学生。诗人。

李熙芝（李林）：留言中署名"李姐姐"者，李四光之女。

皮公亮：武大皮宗石教授之子，武大经济系学生。

杨静远：本人，武大外文系学生，小滢的干姐姐，留有一字及一画。书中参考的《让庐日记》的作者。

查全性：武大理学院院长，今华中科技大学创始人查谦之子。

查其恒：查全性胞弟。

查其恺：查全性胞弟。

吴令华：武大历史系吴其昌教授（梁启超的学生）之女。

刘保熙（挹萍）：武大刘秉麟教授之女。

杨衍枝：重庆乐山医院院长之女。

余枢：武大工学院院长余炽昌之子。

余桢：同上。

方克强、方克定：武大教授方壮猷（心安）之子。

方如玲：武大外文系方重教授之女。

杨弘远：杨端六、袁昌英之子，我的胞弟，小滢的干弟弟。

小滢纪念册首页记录

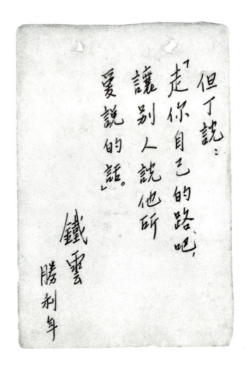

但丁说：

"走你自己的路吧，让别人说他所爱说的话。"

铁云

胜利年

　　亲爱的读者，您看到当年我刻章为"陈铁云"，铁云这个名字是我自己起的，只有一些好朋友知道这个名字。也是当时志向是那样，铁是刚强，云是柔和的意思，大概如此。后来才知道《老残游记》的作者也叫铁云！以后的不少题字中那些当年的同学都叫我铁哥、铁弟、铁姐……之类，其中一点原因是源于我这个名字。还请读者朋友注意，收入书中各处的留言，特别是前辈给我的留言，许多用民国时间表述的。特此说明。

——小滢

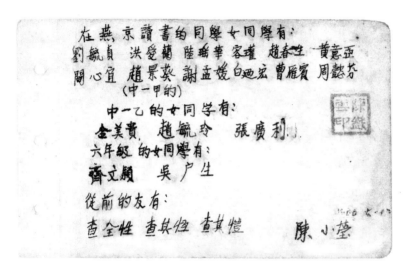

在燕京读书的同学女同学有：

刘毓贞　洪爱兰　陆瑶华　容瑾　赵春生　黄意亚　阎心宜
赵景葵　谢孟媛　白廼宏　曹雁宾　周懿芬（中一甲的）

中一乙的女同学有：

金美贵　赵毓玲　张广利

六年级的女同学有：

齐文颖　吴户生

从前的友有：

查全性　查其恒　查其恺　　　　　　陈小滢

在武大附中初中部三年级读书之女同学有：

吴令华　杨衍枝　王盛荣　刘保熙　郭玉瑛　刘宝珍　熊性慈

刘蒲青　许宝珍　黄仪贞　江龄高　吴梦兰

三年级之男同学有：

刘艺章　董庆善　梁尚勇　刘茂章　刘先珩　张世年　方克强

萧而江　焦也顾　杨宗迦　倪伟雄　李大年　冀尔恭　王馨乔

王家甡　黄建群　李振康　胡功管　戴安全　李远丹

旁听生：（男）甘士俊　（女）杨俊琨

散落的珍珠

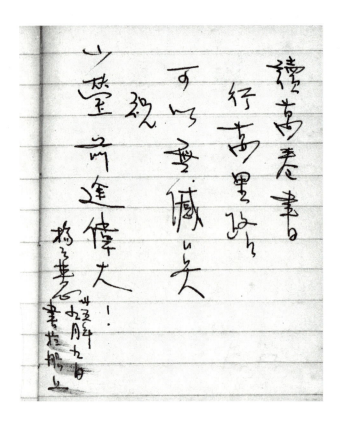

读高卷书日
行高里路
可以毋惭心矣
望前途伟大!

杨之慧
卅五年十二月十二日书于腊月山

杨云慧（1910—1998），近代名人杨度之女。20岁时嫁与郭有守。郭有守曾留学法国，获巴黎大学经济学博士学位。中国成为联合国教科文组织成员国后，郭有守被聘为首任教育处处长。陈源时任驻联合国教科文组织代表。

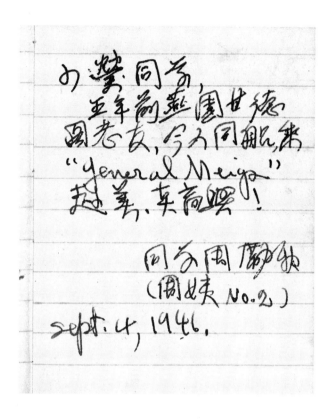

周励秋（1895—1971），四川南部人。社会学女教授。两
度留美，曾任南京金陵大学、南京师范学院、燕京大学、四
川师范学院、西南民族学院等院校社会学教授。20世纪30年
代初曾服务于协和医学院社会服务部，并参与组织北平妇婴
保健会，在北平城内设立一节育所，试行推广母婴保健与节
育工作。为中国此项工作的最早尝试。

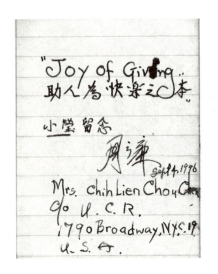

周之廉（1902—1956），河北南宫
人。1933年，她考取美国哥伦比亚大
学教育学院庚子赔款留学官费生，专
攻儿童教育。抗日战争爆发后，她于
1938年回国，在重庆北碚创建北泉慈
幼院并任院长。1946年，再次赴美国
考察教育。

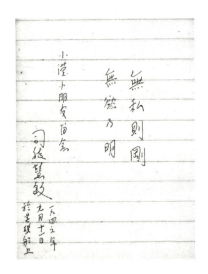

司徒慧敏（1910—1987），广东开平
人。中国著名电影技术专家及导演，
是左翼电影运动的活动家和组织者之
一。1946年，按中国共产党指示，他
到美国好莱坞企业电影场、哥伦比亚
大学深造。

小瑩：

十年前我们都在珞珈山的時候，我記得同你媽媽說過："珞珈山有兩個可愛的景緻，校舍前的同山前的陳小瑩"現在仍是如是的想只是我瞧現在桃花同我是一樣的雄花草改成嬌客一的珞珈山的秀花

佩松 1945 有夏羲

汤佩松（1903—2001），湖北浠水人。植物生理学家，生物化学家，教育家。中国植物生理学的奠基人之一。1925年毕业于清华学校。1930年在美国约翰·霍普金斯大学研究院获哲学博士学位。1933年至1938年任教于武汉大学。1948年被选聘为中央研究院院士。1955年被选聘为中科院学部委员。

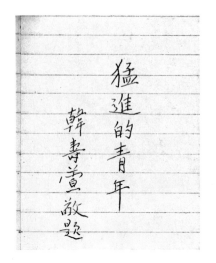

韩寿萱(1899—1974)，中国博物馆学家。字蔚生。陕西省神木县人。1930年毕业于北京大学。1931年留学美国，获博物馆学硕士学位。1947年回国任北京大学教授。他一生主要从事博物馆学与文物藏品保管的研究和教学工作。

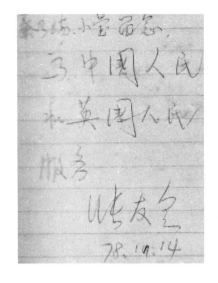

张友渔（1899—1992），原名张象鼎，字友彝，山西灵石人。中国法学家、新闻学家。20年代开始从事新闻事业。抗战期间，任北平《时事新报》、香港《华商报》总主笔，《新华日报》社论委员和代理总编辑、社长。1943年任生活书店总编辑。

小鑒姪留念：

願你按照歇木兒的精神去學習·做一個新中國的青年！

贈書塗旋
上海 一九四六·八·廿

莹弟留念：

"你要朝抵抗力
最大的路径走"

珩哥敬题 于乐

胜利年廿八日晚

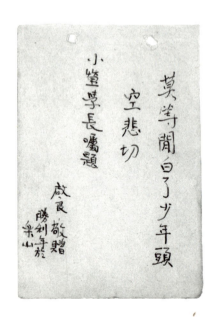

莫等闲白了少年头

空悲切

小篁学长嘱题

启良敬赠

胜利年于

乐山

美的生活是挑活生生的真中
虚生出来的。死如愛神⋯⋯
从海中誕生出来一樣。
願您一生宣揚著望敏不屈
的精神，宣揚著所向披靡
的英雄主義；

如今，您探向了那無边际的
真的海洋，為了您的路势
奔驰，為了您的聖洁地未
来的一生一天的剧造
之，這是您一生剧造的词始時。
意愿有一个光九的明天！

嘉玲
小鶯芳校年纪念
黃涤光書
1944.12.
于子金山

小鶯學友：
你有
健全的體魄；豐富的思想；
堅強的意志；澎湃的熱血
我深信你是一個未来的新中國的新青年！
親愛的朋友　希望你好好去摒發你光明的前途

友瑞華 9.26.194?

小鶯学姐：
平素你天真活潑謙虚和靄的態度
都深々的印在我的腦海中
一旦離別了便我非常悲傷
望你以後永遠保持你那
天真活潑和靄謙虚的態度吧。
一九四一·六·三
学妹景葵贈

災難有出奇的價值，不妻乃力量之泉源

我们須要緊張起來最大的热情来参與

這劇到的生活的鍛鍊，等犬孙马那半不

可拔的三絡湖信上肇逢了要感闻友的

鮮花

——谷——

铁雲存念

春綜了附中

1945.10.20.

　　2006年春见到陈小滢女士时，她正和先生回国做短期探亲。在交谈中我不经意地发现一本被岁月冲刷得纸张已经泛黄的纪念册，随手翻阅，发现许多上世纪三四十年代的名家题词赫然纸上，我立刻被感染。年轻的时候，我也曾积累过许多名言，这些都成了我前行的动力，潜移默化地指导着我的言行，使我在人生路上，心灵总保有一块圣洁的土地。但那些都是我手抄的，小滢纪念册的留言却都是名家亲笔题写，是可以让当代人触摸到的沉甸甸的历史。由于我还要赶回天津，无法仔细阅读，于是便央求小滢借给我看。小滢答应后不免一再叮嘱我"千万别丢了……千万……"我答应在她离开北京前一定用挂号信寄还给她。

　　我按照约定时间将纪念册挂号邮寄回了北京。在邮寄前我特意将其扫描后刻了光盘。可这个小本本不知何故多日没有送达，让当时正准备回伦敦的小滢急坏了，不断地打来电话催问。她说这个小本本从没有离开过她，六十年来始终带在身边……这令我焦急万分。我后悔自己没有专程赴京送还。我劝小滢别着急，但自己精神几近崩溃。我虽然还可以用我扫描下来的光盘做一个复制件，但是于事无补，以致我找了法官，咨询与邮局打官司追查纪念册下落事宜。好在事情的结局有惊无险：在小滢离京前的几分钟，这个宝贝邮件送到了她在北京的寓所，小滢终于未带着遗憾和疑惑离开中国。因为赶飞机时间紧迫，飞机上又不能开手机，她到伦敦后第一件事就是立刻给我来电话，希望我原谅她的焦虑，这时我的心里才如同一块石头落了地。纪念册的命运让我们如此牵肠挂肚，足以说明她的珍贵。

这一切并非是故弄玄虚，在小滢留言册上面题字的人中，有民国元老，有著名科学家，有著名文学家、画家、翻译家……哪一个名字说出来都如雷贯耳，令人高山仰止。半个世纪以前的留言者少数还健在，而更多的人已经离开了我们。这些美好的留言，是中华民族伟大精神的浓缩，这本纪念册收藏的不仅是小滢的记忆，更是浓缩了在中华民族最危险的时候人民心中的精神火花。它不仅是属于陈小滢自己的，也是我们整个民族的宝贵精神财富。正因为如此，将此纪念册编辑成书就成为我一个挥之不去的情结。

我不断为出版该书想办法，求知音。一天晚间，我与年轻的副总编刘雁（现在商务印书馆任职）交谈，将我扫描下来的经典留言传给她看，她认为这的确是件值得做的事。在她的支持下，我后来又从小滢那里找来另外两本有她很多同辈题字的纪念册。经过反复思考，初步确定书的形式为留言墨迹与释文配以作者介绍、小滢回忆（亲历）、亲情解读（旁观）、名家后人群言堂等多个栏目。我把自己的想法和我结识的很多名家后代商量，大家都愿意积极参与，我兴冲冲地告以小滢，她当即表示赞赏并无代价地给予支持，更坚定了我做好本书的信心。

以后的日子里，我似乎又恢复了青春活力，我承担了不少口述整理的工作。无论日常的编辑工作多么紧张，我每天都要挤出时间，多数是在夜晚，静下心来仔细翻阅纪念册做笔记，打长途电话和名家后代交流。炎热的夏季，为了避免纪念册小纸张被风刮走，我都要关紧窗户工作。远在英国的小滢经常在清晨与傍晚来电子邮件，及时回答我的问题，我那时的编辑写作、采访、整理真是废寝忘食，仍觉得时间不够。我深感精神食粮在一定意义上是绝对可以发挥神奇的效果的。经过半年多的努力，书终于完成，睡梦中为本书取了一个小滢满意的书名《散落的珍珠》。

时光如水，日月如梭，一晃已经过去了将近五年，我还要把后来的事情在这里继续啰嗦，我的心血在最后的关键点上，由于我本身身兼编写编选和责编的几个身份，同时出版编辑其他的书，因此精力严重不足，不仅仅校对仓促质量较差，更主要的是印刷失败。我怀着内疚的心情把刚出版的书寄给参与者。按计划，样书在2008年大年初二就可以邮递到为我这本书冲洗照片、提供资料、过目修改文字的冯玉祥将军的长女冯理达教授那里，当天我拿起电话等待她对书的评价时，我的心似乎要跳出来。但是手机没有人接听。直至大年初八上班的第一天，我接到治丧委员会秘书的电话，原来就在大年初二晚上教授去世了。我真不敢相信，几个月前身体健康的冯理达教授嘱咐我注意身体，耳聪目明的她（她当年82岁读书看报不用花镜，而我从41岁就戴上了）告诉我，站在松树下看着松树，休息几分钟缓解花眼，是节约型社会护眼的最好方法。她怎么就突然离开了呢？那些天我想起她就泪流满面，今天我在回顾这些的时候仍然忍不住热泪盈眶。很快，《新闻出版报》发表了我的文章《冯理达女士——一颗逝去的珍珠》。我把她的稿酬，通过海军总医院郭女士转给她的亲人，我想一生把300万都献给了国家和慈善事业的冯理达将军，九泉之下会收到我们的一点心意。

本书编辑过程对于我来说是一次编辑创新的尝试，这是否受读者欢迎，我心里没有底。就像一位厨师做完饭后，要等待食客们给以评价一样，我怀着忐忑不安的心情等待着读者的裁决。但即便这样一本校对印刷效果不佳的书，仍有四五十家报刊媒体刊载消息和发表书评，颇令我意外。我编书的兴奋被《文汇读书周报》资深编辑徐坚忠先生知晓，他为我保留了一版多的版面，专门谈这本书的出版前后。

参与这本书编写的作者及其亲人反馈好评如潮。除本书顾问外，武汉的离休干部郭玉瑛、栾保杰夫妇给我写来热情洋溢肯定该书价值的信；同时，北京语言学院现代文学研究者阎纯德和《文汇读书周报》的编辑来短信一致说是一本好书。北京81岁的翻译家文洁若认为该书从一个独特的角度开拓了一段很值得回味的历史，值得推荐。她连夜写书评，在北京寒冷的雪中清晨从木樨地乘公交车到珠市口把评论送到《中华读书报》社；老舍先生的女儿舒济来电告诉我，她将书从头到尾读了一遍，非常感动，这些不是青年们追求的文艺明星，而是人民心中的正义之星。李四光生前的秘书马胜云先生哽咽着打来电话赞扬我为读者、为中华民族文化传承做了一件大好事。《人民日报》记者陈杰认为这本书保存文化记忆，功德无量。湖北有一位武大老校友谢光清在病床上阅读后来信写道："这确是一本奇特的图文书，使我回忆起半个多世纪以前的诸多往事，使我的心情久久不能平静下来。这本书，不仅是陈小滢的个人回忆录，更是数十位名家后代的集体创作，我很赞赏高艳华女士不辞辛劳将它们编选成册公诸于世。它们已不再是散落的珍珠，而变成了一串光彩照人的珍珠项链了。"

五四运动学生领袖罗家伦的女儿，中国近代史教授罗久芳来信祝贺我"编写了一本独一无二的书"。

南开大学文学院常务院长李瑞山同志给我来信说："我从1996年一直给现当代文学专业研究生上一门必修课——现代中国文

学史料学，您和作者编的这本书及其代表的抢救史料、编纂史料的方向，正是这门课题中应有之义！许多史料，往往因为无人问津或者没人做你们这样扎实的编纂工作，慢慢也就任其湮灭了。"著名收藏家94岁的王世襄先生更是在看到书后在《文汇报》上撰文写了回忆，这篇文字已收入本书中。

至于为我提供资料，不断为我加油的铁弟（陈小滢，我时常称她为铁弟）更是欣喜，她不断地感谢艳华兄（她也玩笑地称我为兄）把她的希望变成现实。她买了很多书仍然不够用。还将本书交给了筹建中的凌叔华故居纪念馆。其实我知道，没有她对我的支持我也走不到今天，还有那位始终支持她的秦乃瑞先生，这位曾任英国大学中文系主任的中国通，几年来步履蹒跚地陪同小滢多次来北京，他的热情与厚道，他对我和小滢的理解和支持不仅仅用他地道的汉语表达，更用他那欧洲人黄色的眼睛善良的目光表达了。如今他已经离开我们一年，可是他几次来华对我的支持我永远难忘。

每读到一封来信与书评，都让我激动好长一段时间，最令我感到欣慰的是文学大师梁实秋的幼女梁文蔷的来信，全文如下：

你的这本书的确是非常独特，这不仅是你的精神与体力劳动的结晶，也是因为你有创造力和想象力，在看到一个机会时，就锲而不舍地去追求。从这本书中，我也才知道和理解你这一年的辛苦，要是我找这么多人做事，早就累趴下了。你历经千辛万苦，最后达到了目的，编辑的职业做到你这个地步可算登峰造极了。我大姐收到了你寄给她的"珍珠"，她很喜欢，给我来了这封信，我觉得她的"书评"很别致，所以在得到她的同意后，转给你看。

以下是我大姐的来信：

现在是夜里两点半了，我睡不着，起来看艳华编选的那本《散落的珍珠》。其中第九十、一百五十七、一百七十六页三处是小妹（指梁文蔷）的文字，还有艳华的一个小注及编后记。因视力太差,开亮灯看了一个小时才粗粗看完。这书很不错,因为所用资料都是"野生"的，所以好看。这和吃东西一样,放养的柴鸡比农场笼养的好吃；山中的野参比人工种植的人参贵得多且有疗效；雨后木头上自然生长的蘑菇比人工培养的香得多。书也一样。现在快四点了,仍无睡意,干脆给小妹写信吧。

但是我终究知道我的第一版留下太多的遗憾，我很渴望这本书可以有机会做修订版，还是我的好友刘雁满足了我的要求，在她调任商务印书馆后就把这本书列入编辑计划之中。几年来我编辑的书也或多或少都与百年商务有着联系，这令我又一次感动了。商务印书馆选派了编辑刘嘉程，嘉程阅读书后来信说："书确是选题策划的典范，用心之深，编辑之功，令人感佩。"他耗费很多心血，精心组织，使这本书更趋完美。经过他不懈的努力，本书不仅仅珍珠明亮，更在乐山历史大背景下放出那个时代的光彩。感谢本书顾问皮公亮、吴令华、杨静远，感谢武大档案馆、校友会、武大北京校友会王国才，感谢王作琴大姐，感谢刘宜庆、张映勤、罗文华、陈德生、吕洁、韩晓东、吕文浩、郭凤玲，感谢接受我采访的每一位名家后代……。感谢朋友们的支持帮助与厚爱。

我相信,文化传承的使命不会因为退休而稍有懈怠，更不会中止。

高艳华

2012年春于天津